나는 슈퍼아이콘이 되기로 했다

나는 슈퍼아이콘이 되기로 했다

AI 시대, 인생과 비즈니스를 완성하는 슈퍼경영 프레임

초 판 1쇄 2025년 10월 17일

지은이 김재광
펴낸이 류종렬

펴낸곳 미다스북스
본부장 임종익
편집장 이다경, 김가영
디자인 임인영, 윤가희
책임진행 이예나, 김요섭, 안채원, 김은진

등록 2001년 3월 21일 제2001-000040호
주소 서울시 마포구 양화로 133 서교타워 711호
전화 02) 322-7802~3
팩스 02) 6007-1845
블로그 http://blog.naver.com/midasbooks
전자주소 midasbooks@hanmail.net
페이스북 https://www.facebook.com/midasbooks425
인스타그램 https://www.instagram.com/midasbooks

ISBN 979-11-7355-517-6 03320

값 20,000원

미다스북스는 다음세대에게 필요한 지혜와 교양을 생각합니다.

AI 시대, 인생과 비즈니스를 완성하는 슈퍼경영 프레임

BE THE SUPER ICON

나는 슈퍼아이콘이 되기로 했다

★★★★★
지속가능한
혁신을 위한
4단계 전략

★★★★★
미래맞춤형
독창적·실용적
경영 철학

★★★★★
인생을 바꾸는
실천도구부터
프로그램까지

김재광 지음

미다스북스

저자 소개 — 7
프롤로그　왜 슈퍼아이콘인가 — 14

제1부　무너진 자리에서 시작된 모든 것
: 완성하라

1장　나아가라: 무모했지만 멈출 수 없었던 첫 도전 — 25
2장　다시 설계하라: 나를 다시 세우는 사색과 통찰 — 31
3장　혁신하라: 고통 속에서 피어난 아이디어 — 39
4장　도약하라: 인생과 비즈니스를 바꿀 슈퍼 이론의 탄생 — 47

제2부　슈퍼자기경영
: 인생을 명품처럼 지어라

슈퍼자기경영 1단계　방향과 기준을 세우는 삶의 주춧돌 — 69
슈퍼자기경영 2단계　삶을 탄탄히 떠받치는 핵심 기둥 — 76
슈퍼자기경영 3단계　성과와 지속 성장을 만드는 6가지 전략 — 85
슈퍼자기경영 4단계　지속 가능한 삶의 완성 — 95

제3부　슈퍼사업경영
: 사업을 명작처럼 지어라

슈퍼사업경영 1단계　방향과 기준을 세우는 사업의 주춧돌 — 107
슈퍼사업경영 2단계　사업을 탄탄히 떠받치는 핵심 기둥 — 113
슈퍼사업경영 3단계　성과와 지속 성장을 만드는 6가지 전략 — 122
슈퍼사업경영 4단계　지속 가능한 경영의 완성 — 132

제4부 **나는 이렇게 슈퍼아이콘이 되었다**

: 슈퍼아이콘이 되어라

슈퍼자기·사업경영 1단계   내 사명을 새기고 방향을 세웠다 — 145

슈퍼자기·사업경영 2단계   매일의 루틴으로 기둥을 세웠다 — 152

슈퍼자기·사업경영 3단계   브랜드를 구축하고, 핵심역량을 키우다 — 161

슈퍼자기·사업경영 4단계   지속가능한 성장의 리듬을 만들다 — 172

슈퍼자기·사업경영 플러스   AI와 함께 진화하다: 지속적인 적응과 도전 — 181

제5부 **이제 당신 차례다**

: 슈퍼아이콘이 되는 길에 동참하라

1장   누구나 CEO다: 지금 당장 '나'를 경영하라 — 197

2장   작게라도 시작하라: Just Do It! — 205

3장   질문하라: 당신 안의 슈퍼아이큰을 깨우는 법 — 214

4장   함께 가자: 독자에게 보내는 초대장 — 223

5장   나만의 선언문을 쓰라: SuperIcon Declaration — 230

에필로그   당신 안의 슈퍼아이콘을 깨워라 — 239

부록1 슈퍼아이콘 실천 도구

1 슈퍼자기경영(Life Value House, LVH) — 244
: 인생을 명품처럼 짓는 자기경영 모델

2 슈퍼사업경영(Business Value House, BVH) — 246
: 비즈니스를 명작처럼 짓는 사업경영 모델

3 슈퍼아이콘 자기진단 체크리스트 — 248

부록2 슈퍼아이콘 실천 프로그램

1 슈퍼아이콘 AI 경영 리더십 스타터 과정 — 252

2 슈퍼아이콘 AI 경영 리더십 성장 과정 — 255

3 슈퍼아이콘 AI 경영 리더십 최고위 과정 — 258

4 슈퍼아이콘 AI 리더십 페스티벌 — 262

5 슈퍼아이콘 AI 혁신리더 대상 — 264

6 슈퍼아이콘 총동문회 — 267

김재광 (金在光)

혁신의 아이콘이자, 슈퍼아이콘을 만드는 멘토

포스텍(POSTECH) 컴퓨터공학과를 졸업한 뒤, 20대에 직접 스타트업을 창업하며 앙트러프러너의 길을 걸었다. 젊은 시절의 시행착오와 좌절을 딛고, 그는 성공과 행복, 그리고 가치 있는 일에 대한 해답을 찾기 위해 지난 30여 년 동안 인생·사업·교육의 현장에서 치열하게 몰입해왔다.

그 여정 속에서 세계 최초로 독창적인 이론적 체계를 하나씩 정립해 나갔다.

먼저 2013년 출간한 『온라인 교육, 세상을 바꾸다』에서는 자신이 직접 겪은 경험을 바탕으로 전 세계 온라인 교육의 흐름을 정리하고, 그 안에 담긴 미래의 가능성과 사회적 영향력을 날카롭게 통찰했다.

이듬해인 2014년에는 『더 로(The Law): 인간관계를 지배하는 다섯 가지 절대 법칙』을 통해 인간관계의 본질이 '자연법칙'과 일맥상통한다는 새로운 관점을 제시하며, 기존의 인간관계 및 리더십 이론을 근본부터 재정의했다.

이어 『슈퍼자기경영』 시리즈에서는 세계적인 인물로 성장하기 위한 인생 경영의 핵심 원칙들을 정리했고, 『슈퍼사업경영』 이론을 통해 세계적인 기업을 만들기 위한 비즈니스 경영 전략을 체계화했다. 나아가 두 이론을 하나로 통합하여, 인생과 비즈니스를 동시에 성장시키는 통합 경영 모델을 제시했다.

아울러 이러한 '슈퍼자기경영', '슈퍼사업경영', '인간관계론' 세 가지 축을 기반으로, 혁신적인 경영교육 모델인 『Super Mini MBA』 이론을 정립함으로써, 누구나 현실 속에서 자기 자신과 조직을 변화시킬 수 있는 실용적 경영철학을 완성해냈다.

한편으로는 CEO, 교수, 작가, 기자, 컨설턴트, 개발자 등 다양한 역할을 수행하며 수천 권의 독서를 기반으로 깊이 있는 통찰을 축적했고, 멜버른 대학교 MBA 및 국내외 전문 교육과정을 통해 경영과 교육의 실천적 지식을 넓혀왔다.

또한, 서울과 지방을 오가며 북콘서트와 북 페스티벌, 슈퍼자기경영 강연회 등 다양한 교육문화 행사를 열고, 수많은 사람들과 소통하며 혁신의 메시지를 전해왔다.

이러한 노력은 '슈퍼아이콘(SuperIcon)'이라는 브랜드로 열매를 맺고 있다.

<2015년 대한민국 인물 대상>   <2019년 대한민국 교육산업대상
국회 교육위원회 위원장상>

<성공 북 페스티벌(서울 코엑스 오디토리움)>   <김재광의 북콘서트(포스코 효자 아트홀)>

<부산대 의대 학생 대상 강의>   <포항시 5급 이상 공무원 대상 강의>

현재는 '슈퍼자기경영', '슈퍼사업경영' 이론을 기반으로, AI 시대를 리드하는 세계적인 인물과 기업을 육성하는 다양한 교육 플랫폼과 프로그램을 개발·운영하며, 대한민국과 세계의 더 나은 미래를 준비하는 일에 힘을 보태고 있다.

대표 저서

『슈퍼아이콘—AI 시대에 생존하고 번영하는 유일한 방법 그리고 신인류』, 『어서와, 코인은 처음이지?』, 『슈퍼아이콘—AI 시대의 신인류』, 『6분에 1권, 슈퍼아이콘 독서법』, 『AI시대 대비책』, 『슈퍼자기경영』, 『성공만큼 쉬운 것도 없다』, 『더 로(The Law)』, 『온라인 교육, 세상을 바꾸다』, 『Super Mini MBA』 외 다수

저자 소개

대표 온라인 클래스

- '세계 유일' AI 시대에 슈퍼자기경영 MBA로 위대한 상위 0.1% 스타가 되는 법
- '국내 유일' 유학 가지 않고도 글로벌 명문 고교 및 대학 정규학위를 취득해 No.1 독보적 전문가 되는 법
- '국내 유일' 단 하루 만에 끝내는 Super Mini MBA로 연수입 10배 올리는 법
- AI 시대에 생존하고 번영하며 부자가 되는 법(ChatGPT 활용법) 외 다수

대표 음원

〈꿈〉, 〈운명〉, 〈슈퍼아이콘 Forever〉, 〈러브 포에버〉, 〈유토피아〉, 〈위대한 나〉 외 다수

대표 플랫폼

- www.supericon.net (교육 플랫폼)
- www.supericon.ai (GPTs 플랫폼)
- www.supericontimes.com (슈퍼아이콘 타임즈)

대표 행사

- 김재광의 북콘서트
- 성공 북 페스티벌

- 슈퍼자기경영 강연회

슈퍼아이콘 실천 프로그램
- 슈퍼아이콘 AI 경영 리더십(스타터, 성장, 최고위) 과정
- 슈퍼아이콘 AI 리더십 페스티벌
- 슈퍼아이콘 AI 혁신리더 대상
- 슈퍼아이콘 총동문회

수상
'대한민국 교육산업대상', '대한민국 기업대상', '국회 교육위원장상', '한국을 이끄는 혁신 리더 대상', '대한민국 미래경영 대상' 등

왜 슈퍼아이콘인가

세상은 지금, 이전과는 전혀 다른 리듬으로 움직이고 있다. 하루가 다르게 진화하는 기술, 그 중심에는 인공지능이 있다. AI는 이미 우리가 사는 방식, 일하는 방식, 배우는 방식을 송두리째 바꾸고 있다. 그 변화는 찬란하면서도 냉정하다. 더 빠르게, 더 정밀하게, 더 저렴하게, 더 많이. 기술은 한계 없이 확장되지만, 인간은 여전히 불완전하고 혼란스럽다. 그래서 우리는 더 자주 묻는다. "나는 이 변화 속에서 어떤 존재인가?", "나는 무엇을 할 수 있고, 어디로 가고 있는가?"라고.

나도 그 질문에서 시작했다. 어느 날 갑자기 떠오른 것이 아니라, 수많은 실패와 좌절, 반복된 시도와 실험 끝에 떠밀리듯 마주한 질문이었다. 한때는 세상을 바꾸고 싶었다. 내가 가진 아이디어 하나로, 많은 사람의 삶을 더 좋게 만들 수 있다고 믿었다. 그래서 창업했고, 회사 안에서는 새로운 비전을 품고 사내벤처를 이끌었다. 열정은 뜨거웠고, 주변의 기대도 컸다. 그러나 생각보다 세상은 냉정했다. 시장은 열정만으로는 움직이지 않았고, 이상은 현실의 장벽 앞에서 쉽게 무너졌다. '왜 잘 안 되는 걸까?'라는 질문이 내 하루를 지배했고, 어느 순간 나는 내가 만든 무대에서 밀려나 있었다.

무너졌다는 사실보다 더 무서운 것은, '무엇이 잘못된 건지 몰랐던 것'이다. 누구도 명확하게 답해주지 않았다. 그래서 나는 스스로 묻고, 답하기 시작했다. 처음에는 실패를 분석했고, 그다음에는 나 자신을 분석했다. 결국 깨달은 것은 하나였다. 나는 '인생'과 '비즈니스'를 따로 보았다는 것이다. 삶의 기반 없이 비즈니스를 쌓았고, 비즈니스의 본질 없이 삶의 방향을 결정했다. 인생과 비즈니스는 결코 별개가 아니다. 삶이 흔들리면 일도 흔들리고, 일에 무게가 생기면 삶 또한 무거워진다. 이 둘을 통합적으로 바라봐야 한다는 통찰이, 나를 새로운 길로 이끌었다.

그렇게 해서 태어난 것이 '슈퍼자기경영'과 '슈퍼사업경영' 이론이다. 나는 이 두 가지 프레임을 단순한 이론으로 만든 것이 아니다. 내 삶과 비즈니스를 다시 일으키기 위한 구조였다. '명품처럼 인생을 짓자.'라는 다짐에서 슈퍼자기경영 이론을, '명작처럼 사업을 짓자.'라는 바람에서 슈퍼사업경영 이론을 만들었다. 삶은 집처럼, 비즈니스는 건축처럼 설계하고 지어야 한다는 생각이, 나의 모든 사고와 실행을 바꾸기 시작했다. 중요한 것은 화려한 외장이 아니라, 흔들리지 않는 주춧돌과 기둥이라는 사실을 이제는 안다.

이 책은 그 여정의 기록이다. 나는 이론보다 먼저 무너졌고, 그 후에야 이론을 만들었다. 살아보지 않으면 알 수 없는 일들이 있다. 나는 무너져 보았고, 혼란을 지나왔고, 다시 세우는 과정을 반복했다. 그래서 이 책은 단순한 성공담이 아니다. 실패의 잔해 속에서 건져낸 질문들, 시행착오 끝에 얻은 통찰, 그리고 그 모든 것을 구조화해 다시 실행에 옮긴 실전의 기록이다. 당신이 이 책을 읽으며 느낄 수 있는 무게는 바로 그 진정성에서 비롯된다.

나는 이 책을 통해 당신에게 '경영하라'고 말하고 싶다. 단지 회사를 가진 사람에게만 해당되는 말이 아니다. 누구든 자신의 인생을, 자신의 일을, 자신의 브랜드를 스스로 책임져야 하는 시대가 왔다. 경영이란 곧 삶의 주도권을 쥐는 일이다. 타인에게 흔들리지 않고, 기술의 소용돌이에 휩쓸리지 않으며, 내 방향과 신념을 지켜가는 사람. 나는 그런 사람을 '슈퍼아이콘'이라 부른다. 유명해지라는 말이 아니다. 자기 삶의 철학과 전략을 세워, 매일 설계하고 실행하는 사람. 그 사람이 진짜 슈퍼아이콘이다.

이제는 당신 차례다. AI 시대, 거대한 변화 앞에 멈춰 서 있지 말고, 삶과 비즈니스 모두를 완성해보자. 작게 시작해도 괜찮다. 처음에는 단 하나의 루틴, 하나의 전략, 하나의 질문이면 충분하다. 내가 먼저 걸어봤고, 지금도 그 길을 걷고 있다. 이 책은 그 길에서 내가 얻은 가장 실제적이고 강력한 도구들을 모은 것이다.

지금 이 순간, 나는 다시 선언한다.

"나는 슈퍼아이콘이 되기로 했다."

그리고 당신에게 묻고 싶다.
이제, 당신은 어떤 선언을 할 것인가?

혁신의 아이콘이자,
슈퍼아이콘을 만드는 멘토.

BE THE
SUPER
ICON

제 1 부

무너진 자리에서
시작된 모든 것

|

: 완성하라

삶과 비즈니스에 대한 고뇌, 그리고 세상에 없던 혁신적인 이론의 탄생

1장. 나아가라: 무모했지만 멈출 수 없었던 첫 도전

2장. 다시 설계하라: 나를 다시 세우는 사색과 통찰

3장. 혁신하라: 고통 속에서 피어난 아이디어

4장. 도약하라: 인생과 비즈니스를 바꿀 슈퍼 이들의 탄생

"상처는 빛이 들어오는 곳이다."

- 루미 (Rumi)

BE THE
SUPER
I C O N

세상이 무너지는 소리를 들은 적이 있는가. 나는 그 소리를 들었다. 오랫동안 붙잡아 온 꿈이 손끝에서 부서지고, 나를 믿어주던 시선들이 하나둘 멀어지는 순간이었다. 머릿속은 하얘졌고, 가슴은 텅 비었다. 그렇게 모든 게 끝난 것 같았다.

하지만 그 끝에서, 처음으로 진짜 질문이 시작됐다.

'나는 왜 이 일을 하는가?'

'무엇을 위해 살아야 하는가?'

'다시 시작한다면, 어떻게 해야 무너지지 않을 수 있을까?'

그 질문들은 내 안을 깊게 파고들었고, 결국 한 가지 결론에 다다르게 했다. 인생과 비즈니스는 '즉흥'이 아니라 '설계'여야 한다는 것. 방향 없이 달리는 것은, 속도가 아무리 빨라도 추락을 향한 질주일 뿐이라는 걸 뼈저리게 깨달았다.

이 부는 바로 그 무너진 자리에서 시작된다. 쓰라린 실패와 끝없는 고뇌, 그리고 수많은 시행착오 속에서 어떻게 새로운 길이 열렸는지, 그리고 어떻게 세상에 없던 프레임—슈퍼자기경영(Life Value House, LVH)과 슈퍼사업경영(Business Value House, BVH)—이 태어났는지를 이야기한다.

당신이 지금 서 있는 자리가 무너진 자리라면, 이 부의 이야기가 그곳을 출발선으로 바꿔줄 것이다. 실패가 당신을 삼키는 순간이 아니라, 진짜 슈퍼성장을 시작하는 문이 될 수 있다는 것을, 내가 증명해 보일 것이다.

1장

나아가라

: 무모했지만 멈출 수 없었던 첫 도전

"실패는 단지 더 똑똑하게 다시 시작할 기회일 뿐이다."

- 헨리 포드 (Henry Ford)

처음엔, 진짜 세상을 바꿀 수 있다고 믿었다. 그 한 가지 믿음이 모든 것을 시작하게 했다. 밤을 새워 만든 아이디어는 나를 사내벤처 1호로 세웠고, 마치 성공이 이미 예정된 것처럼 보였다. 사무실, 자본, 타이틀—모든게 갖춰져 있었고, 나는 그 위에서 미래를 그렸다.

그러나 현실은 한 번도 내 계획대로 움직이지 않았다. 시장의 반응은 차갑고, 일정은 틀어졌으며, 함께 웃던 사람들이 점점 무표정해졌다. "잘되는줄 알았는데."라는 말이 나를 짓누르기 시작했고, 하루하루 자신감은 깎여나갔다. 어느새 나는 '성공의 상징'에서 '실패의 사례'로 불리고 있었다.

이 장은 바로 그 첫 도전의 기록이다. 열정과 기대, 그리고 몰락과 깨달음이 뒤섞인 이야기. 하지만 이것은 단순한 실패담이 아니다. 무너진 자리에서만 보이는 것들, 잃어버리고서야 깨닫게 되는 것들, 그리고 그 속에서 태어난 질문들이 있다. 나를 다시 세우고, 이후의 모든 이론—슈퍼자기경영과 슈퍼사업경영—을 가능하게 만든 뿌리가 바로 여기에 있다.

아이디어 하나로 세상을 바꿀 수 있다고 믿었다

처음에는 정말 그렇게 생각했다. 아이디어 하나면 세상을 바꿀 수 있다고. 그 아이디어를 누구보다 치열하게 고민했고, 진지하게 설계했으며, 열정적으로 실행했다. 지금 돌아보면 세상에 대해 잘 몰랐고 준비도 부족했지만, 그 무모함 속에는 분명 진짜 믿음이 있었다. 단순한 욕심이나 허영이 아니라, 정말 될 것 같았고, 누군가의 문제를 해결하고 세상에 새로운 가능성을 보여줄 수 있다고 확신했다.

하지만 솔직히 말하면, 그 아이디어는 대단한 혁신은 아니었다. 이미 세상에 비슷한 개념이 있었고, 문제 해결 방식도 완벽하지 않았다. 다만 운이 좋았다. 마침 내가 다니던 회사인 포스데이타(현 포스코 DX)에 사내벤처 제도가 시작되는 시점이었고, 여러 여건이 맞아떨어져 사업을 시작할 수 있는 기회를 얻게 된 것이다. 주변에서는 "그래도 해볼 만하겠다"는 분위기가 있었지만, 그건 아이디어 자체보다는 주어진 기회에 대한 부러움에 가까웠다. 나 역시 한계를 알고 있었지만, 막상 무대가 눈앞에 펼쳐지니 해보고 싶은 마음이 앞섰다. 완벽하지 않아도, 부족해도, 일단 시작해보자는 생각이었다.

　　　　　　나는 슈퍼아이콘이 되기로 했다

그렇게 시장 조사와 프로토타입 제작, 비즈니스 모델 구상까지 나름 열심히 준비했다. 부족한 점이 많았지만, 당시의 나는 사업을 직접 해볼 수 있다는 사실만으로도 충분히 설레고 들떠 있었다. 그리고 그 설렘이 현실과 마주하기 전까지는, 모든 게 잘 굴러갈 거라 믿었다.

그때의 실패가 오늘의 나를 만든 기초였다

운 좋게 사내벤처 제도에 선정되면서, 회사에서 공식적으로 창업 기회를 얻게 됐다. 그중에서도 '1호'라는 타이틀이 붙었는데, 그 사실이 나를 조금 들뜨게 만들었다. 사실 이 타이틀이 주는 의미를 깊이 생각하지도 않았다. 그냥 '먼저 시작하게 됐구나.' 정도였다. 회사의 지원 덕분에 사무실을 마련하고, 초기 자금도 확보했다. 그 시절의 나는 이 정도 기반이 있으면 절반은 이미 성공한 거라 착각했다. 실제로는 그 기반 위에 무엇을, 어떻게 쌓느냐가 전부였지만, 그 단순한 사실조차 충분히 이해하지 못했다.

처음에는 모든 게 새롭고 흥미로웠다. 첫 제품을 준비하고, 첫 미팅을 하고, 제안서를 쓰고, 고객을 만나 이야기를 나누는 순간순간이 마치 새로운 세상을 탐험하는 것 같았다. 사업을 처음 해보는 입장에서, 그 모든 과정이 설레는 경험이었다. 하지만 곧 현실의 무게가 다가오기 시작했다.

시장 반응은 생각보다 차가웠다. "좋은 아이디어네요."라는 말은 들었지만, 실제 계약으로는 이어지지 않았다. 내가 만든 구조와 계획이 시장에서 그대로 통할 거라 믿었지만, 현실은 훨씬 복잡했다. 일정은 미뤄지고, 계획은 틀어지고, 팀원들과의 의견 충돌도 잦아졌다. 내가 예상하지 못했던 변수가 매일같이 나타났다.

결정적으로, 사업이 무너지는 건 한 번의 큰 사건 때문이 아니었다. 작은 문제들이 조금씩 쌓였고, 그것을 제대로 해결하지 못한 채 시간이 지나면서 서서히 힘을 잃어갔다. 자신감은 불안으로 바뀌었고, 주변의 기대는 조용히 줄어들었다. '사내벤처 1호'라는 타이틀은 처음에는 자랑스러웠지만, 시간이 지날수록 어깨를 누르는 부담처럼 느껴졌다.

돌이켜보면, 그 시절의 나는 경험도, 준비도 부족했다. 시장을 제대로 이해하지 못했고, 문제를 깊이 파고드는 대신 '어떻게든 되겠지.'라는 생각에 기대고 있었다. 하지만 그 과정이 헛되지는 않았다. 그 안에는 분명한 신호들이 있었다. 멈춰서 돌아보라는 신호, 더 배우고 준비하라는 메시지, 그리고 내가 왜 이 일을 하는지 스스로에게 다시 물어보라는 안내문. 비록 그 사업은 오래가지 못했지만, 그때의 경험이 지금의 나를 만든 기초가 되었다.

무너진 뒤에야 보이기 시작한 것들

사업이 점점 힘을 잃어갈 때는 왜 이렇게 되는지 뚜렷하게 보이지 않았다. 매일 닥치는 문제를 해결하는 데 급급했고, 더 근본적인 원인을 차분히 살펴볼 여유가 없었다. 하지만 결국 사업이 멈춰선 뒤에야 모든 것이 선명해졌다. 처음부터 기초가 약했다는 것, 그리고 중요한 것들을 놓치고 있었다는 사실이.

제품이 완성되지 않은 상태에서 서둘러 외부와 접촉했던 일, 시장과 고객을 깊이 이해하지 못한 채 막연한 기대에만 의존했던 선택들, 팀 내부의 목표와 속도가 맞지 않았던 상황까지. 하나하나 따져보니, 그동안 나는 '어떻게든 되겠지.'라는 막연한 낙관에 기대어 있었다. 당장은 움직이고 있으니 괜찮다고 생각했지만, 그건 준비 부족을 가리는 얇은 포장지에 불과했다.

무너지고 나서야 깨달았다. 실패는 한 번의 사건으로 갑자기 찾아오는 것이 아니라, 작은 놓침과 방치가 차곡차곡 쌓여 만들어진 결과라는 것을. 일정이 계속 밀리고, 고객 반응이 미지근하며, 팀의 동력이 떨어질 때 이미 신호는 울리고 있었다. 그때 멈춰서 점검했더라면 달라질 수도 있었지만, 당시의 나는 인정하기보다 버티는 데만 집중했다.

그래서 무너진 뒤에야 비로소 보였다. 다음에는 절대 같은 실수를 반복하지 않겠다는 다짐, 그리고 그 다짐이 이후 나를 완전히 바꾸는 씨앗이 되었다는 것을. 실패의 경험은 쓰라렸지만, 동시에 가장 값진 자산이 되었다. 그 경험이 있었기에, 나는 다시 설 수 있었고, 전보다 단단해질 수 있었다.

결국 남은 건 사람과 질문뿐

사업이 멈추고 나니 많은 것이 사라졌다. 사무실도, 자금도, 명함 속 직함도 모두 없어졌다. 하지만 그 자리에 남은 것도 있었다. 끝까지 함께하려 했던 몇몇 사람들, 그리고 나를 놓지 않고 조언해 준 선배와 동료들. 그들은 성과가 없어진 순간에도 떠나지 않았다. 그 사실이 오히려 나를 더 부끄럽게 만들었다. 나는 그동안 숫자와 성과에만 시선을 두고 있었지만, 정작 그 사람들은 관계와 신뢰를 보고 있었다.

그리고 남은 또 하나는 질문이었다. '나는 왜 이 일을 시작했을까?', '무엇을 위해 이렇게 달려왔던 걸까?', '다시 한다면 무엇을 바꿔야 할까?'라는 질문이 머릿속을 떠나지 않았다. 이전까지는 성공과 실패를 단순히 결과로만 바라봤지만, 이제는 그 과정 속에서 내가 무엇을 배웠고, 무엇을 놓쳤는지가 더 중요해졌다.

사람과 질문, 이 두 가지가 무너진 자리에서 나를 붙들어 주었다. 성과와 타이틀은 잃었지만, 그보다 더 오래 남을 무언가를 얻게 된 셈이다. 그리고 그 무언가는 이후 내가 슈퍼자기경영과 슈퍼사업경영이라는 이론을 만들고, 삶과 비즈니스를 다시 세우는 기초가 되었다. 결국 무너진 자리에서 다시 일어서게 만든 힘은 거창한 전략이나 자본이 아니라, 곁에 남아 준 사람들과 나를 움직이게 한 질문들이었다.

나는 슈퍼아이콘이 되기로 했다

2장

다시 설계하라

: 나를 다시 세우는 사색과 통찰

"가장 어두운 밤이 지나면, 결국 해는 떠오른다."

- 빅토르 위고 (Victor Hugo)

겉은 멀쩡했다. 그런데 속은 완전히 무너져 있었다. 웃을 수도 있었고, 대화도 할 수 있었지만, 마음속은 이미 폐허였다. 실패가 남긴 건 빈 통장보다도, 무너진 자존감과 고장 난 나침반 같은 나였다.

그 순간, 나는 두 가지 길 앞에 서 있었다. 그대로 주저앉아 무너진 채로 살 것인가, 아니면 다시 일어나 전혀 다른 나로 설계될 것인가. 선택은 단순해 보였지만, 실행은 고통스러웠다. 이유는 하나였다. 나는 내가 누구인지, 무엇을 위해 살아야 하는지조차 제대로 알지 못했던 것이다.

그래서 모든 것을 멈추고, 나를 다시 바라보기 시작했다. 무엇을 잘못했는지가 아니라, 무엇을 몰랐는지를 깊이 파고들었다. 남들이 말하는 성공의 정의를 좇는 대신, 나만의 기준과 방향을 세우기로 했다.

이 장은 바로 그 여정의 시작이다. 실패 이후의 고요한 시간 속에서, 어떻게 사색과 통찰이 쌓였고, 그것이 어떻게 다시 설 수 있는 힘이 되었는지를 이야기한다. 그리고 당신에게 묻고 싶다. 지금의 당신은, 다시 세워질 준비가 되어 있는가?

주저앉을 것인가, 다시 일어설 것인가

사업이 완전히 멈춰 섰을 때, 내 머릿속을 가장 먼저 스친 건 단순한 패배감이 아니었다. '이제 모든 게 끝났구나.'라는 체념이었다. 그동안 들인 시간과 돈, 노력, 그리고 함께했던 사람들까지 모두 한순간에 사라진 것처럼 느껴졌다. 온종일 멍하니 책상 앞에 앉아 있거나, 창밖만 바라보는 시간이 길어졌다. 연락이 오면 받기 싫었고, 약속은 최대한 미뤘다. 사람을 만나는 건, 마치 실패를 다시 떠올리는 일 같았다.

그때의 나는 스스로를 실패자로 규정하고 있었다. '나는 사업에 맞지 않는 사람일지도 모른다.', '처음부터 무리한 도전을 한 건 아닐까?' 하는 생각이 끝없이 밀려왔다. 머릿속은 이미 수많은 변명과 후회로 가득했다. 하지만 이상하게도, 그 상태가 오래가지는 않았다. 어느 날 문득, 한 가지 질문이 나를 붙잡았다. "이대로 주저앉아 버릴 건가?"

그 질문은 나를 곧장 현실로 끌어올렸다. 실패로 끝나는 게 싫었다. 결과가 좋지 않았더라도, 그 안에서 얻은 경험이 그냥 사라지는 건 더 싫었다. 나는 이미 실패를 경험했다. 그렇다면 적어도 그 실패에서 배울 수 있는 건 다 배워야 했다. 나를 넘어뜨린 원인이 무엇이었는지, 그 과정에서 놓쳤던 건 무엇이었는지, 하나씩 파헤쳐야 했다.

다시 일어난다고 해서 성공이 보장되는 건 아니었다. 오히려 또다시 실패할 가능성이 더 클지도 몰랐다. 하지만 그때 깨달았다. 멈추면 아무것도 변하지 않는다는 사실을. 주저앉아 있으면 내 인생은 거기서 멈춰버린다. 그렇다면 최소한 다음 발걸음은 내가 선택해야 했다.

그래서 결심했다. 실패를 실패로만 두지 않기로. 나를 무너뜨린 경험을 나를 세우는 자양분으로 바꾸기로 했다. 그렇게 다시 일어서기로 한 순간, 내 시선은 과거의 상처가 아니라 미래의 가능성을 향하게 되었다. 그때부터 나는 조금씩 움직이기 시작했다. 아주 작은 걸음이었지만, 그 발걸음이 내 인생의 다음 장을 여는 시작이었다.

성공보다 중요한 건 나를 아는 것

그동안 나는 성공을 목표로 달려왔다. 매출, 성과, 성장률, 시장 점유율 같은 숫자가 곧 나의 가치라고 믿었다. 그런데 실패를 겪고 나니, 그 믿음이 얼마나 허약했는지가 드러났다. 숫자가 사라지고 나니 남은 것은 성과가 아니라 '나 자신'이었다. 그리고 나는 그 '나'에 대해 생각보다 아는 것이 없었다.

처음으로 진지하게 물었다. "나는 어떤 사람인가?"

나는 어떤 상황에서 강해지고, 어떤 상황에서 쉽게 흔들리는지, 무엇을 중요하게 여기고, 무엇에는 쉽게 타협하는지. 이런 기본적인 질문들에조차 선뜻 답할 수 없었다. 사업을 하면서 고객과 시장, 경쟁자에 대해서는 끊임없이 조사했지만, 정작 나 자신에 대해서는 깊이 들여다본 적이 없었다.

이 시기에 나는 알게 됐다. 내가 어떤 목표를 세우든, 어떤 전략을 실행하든, 그 모든 출발점은 '나'라는 사람을 이해하는 데 있다는 것을. 자신을 모르면 같은 실수를 반복할 수밖에 없고, 진짜 원하는 길과 전혀 다른 방향으로 달릴 위험이 크다. 나를 아는 일은 단순한 자기분석이 아니라, 인생 전체를 설계하는 데 필요한 기초공사였다.

그래서 종이에 나 자신에 대한 기록을 하나하나 적기 시작했다. 내가 잘하는 것, 못하는 것, 두려워하는 것, 피하고 싶은 것, 끌리는 것, 그리고 진짜 원하는 것. 적다 보니 그동안 무심히 넘겨왔던 나의 패턴이 보였다. '나는 이런 상황에서 항상 도망쳤구나.', '이런 환경에서는 유난히 집중력이 높아지네.' 같은 깨달음이 나왔다.

그 과정에서 성공이라는 단어가 내 머릿속에서 조금씩 변했다. 더 많은 돈, 더 큰 조직, 더 화려한 성과만이 성공이 아니었다. 내가 나를 정확히 알고, 그 나를 최대한 살리는 방향으로 살아가는 것이야말로 더 본질적인 성공이었다. 사업은 실패했지만, 이 깨달음은 그 어떤 성공보다 값졌다.

무엇을 잘못했는가보다, 무엇을 몰랐는가

처음 실패를 마주했을 때, 나는 내가 무엇을 잘못했는지를 찾는 데만 몰두했다. 잘못된 의사결정, 미숙한 전략, 부족한 실행력, 어설픈 관리… 머릿속에서 '잘못의 목록'을 끊임없이 늘어놓았다. 하지만 시간이 지나면서 점점 알게 됐다. 정말 중요한 건 '잘못한 것'을 나열하는 것이 아니라, 그때 내가 무엇을 몰랐는지를 아는 것이었다.

잘못은 대체로 내가 알고 있는 범위 안에서 일어난다. 예를 들어, 마케팅 전략이 미흡했다면, 그건 이미 알고 있는 도구나 방법 중에서 선택을 잘못했을 가능성이 크다. 하지만 '몰랐던 것'은 아예 내가 인지하지 못한 영역에 있다. 시장의 복잡성을 몰랐고, 고객의 진짜 문제를 몰랐으며, 팀을 하나로 묶는 리더십이 무엇인지도 몰랐다. 재무 관리의 중요성을 머리로는 이해하고 있었지만, 실제로 어떻게 관리해야 하는지, 어떤 지표를 매일 봐야 하는지조차 몰랐다.

그리고 무엇보다 몰랐던 건 인간관계였다. 나는 사람을 대하는 데 자신이 있다고 생각했지만, 막상 갈등이 불거지고 관계가 틀어지기 시작하자 상황은 훨씬 복잡해졌다. 서로 다른 성향과 이해관계를 가진 사람들이 모이면, 단순한 대화만으로 해결되지 않는 문제가 생긴다는 걸 뒤늦게 알았다. 신뢰가 흔들리면 의사결정의 속도와 질이 동시에 떨어진다는 사실도 그때 처음 깨달았다. 갈등이 깊어질수록 팀의 동력은 약해지고, 결국 사업의 성과까지 영향을 받았다.

이 '모른다'는 사실을 인정하는 건 처음에는 자존심이 상하는 일이었다. 하지만 그것이 성장의 출발점이라는 걸 점점 깨달았다. 내가 무엇을 모르는지 정확히 알게 되면, 그때부터는 배우고, 채우고, 보완할 수 있다. 반대로 잘못을 찾는 데만 집착하면, 고친 뒤에도 여전히 같은 틀 안에서만 움직이게 된다.

그래서 나는 질문의 방향을 바꿨다. "그때 내가 몰랐던 것은 무엇이었는가?"

이 질문은 나를 겸손하게 만들었고, 동시에 호기심을 일으켰다. 모르는 것이 많다는 건 아직 배울 것이 많다는 뜻이었고, 그만큼 성장할 여지가 있다는 의미였다. 이 시점에서 나는 실패를 더 이상 부끄러운 낙인이 아니라, 값진 수업료로 바라볼 수 있게 되었다. 내가 몰랐던 것들의 목록이 곧 나의 다음 성장 계획이 되었고, 그것이 이후의 내 모든 전략과 실행의 기초가 됐다.

'나'라는 설계도를 다시 그리다

무너진 자리에서 가장 먼저 든 생각은, 이제는 나를 새로 만들어야 한다는 것이었다. 이전까지의 나는 외부 환경과 타인의 기대에 맞춰 움직였다. 회사의 기준, 업계의 흐름, 시장의 요구…. 이 모든 것에 맞춰 나를 조각했지만, 정작 그 과정에서 '진짜 나'는 점점 희미해졌다. 실패를 경험하고 나서야 알았다. 기초 설계가 잘못되면, 아무리 화려한 건물을 세워도 결국 무너진다는 것을.

그래서 나는 마치 건축가가 새로운 설계도를 그리듯, 나라는 사람을 처음부터 다시 그리기 시작했다. 우선, 내가 진짜 원하는 것이 무엇인지부터 정리했다. 돈, 명예, 성취감 중 무엇이 내 인생의 최우선인지, 어떤 환경에서 강점을 발휘하는지, 어떤 가치 위에서 살아가고 싶은지를 하나씩 적어 내려갔다. 동시에 반대 목록도 만들었다. 다시는 반복하고 싶지 않은 실수, 나를 지치게 하는 일의 방식, 나를 소모하게 하는 인간관계, 그리고 내게 맞지 않는 환경. 이 두 개의 리스트를 나란히 놓고 보니, 지금까지의 나는 '원하는 것'과 '원하지 않는 것'이 뒤섞인 채 살아왔다는 것을 깨달았다.

그다음은 내 삶을 움직이는 시스템 재설계였다. 예전의 나는 그저 '열심히 하면 된다'는 막연한 믿음으로 살았다. 하지만 이제는 목표, 전략, 실행, 피드백이라는 구조를 내 삶에 맞게 세팅해야 했다. 목표를 세울 때는 무조건 큰 꿈부터 적던 습관을 버리고, 현실적으로 가능한 범위에서 달성 가능한 작은 목표를 쌓아 올리기로 했다. 실행 계획은 '해야 할 일'이 아니라 '언제, 어떻게 할 것인지'까지 구체화했다. 피드백 과정에서는 내가 잘한 점과 못한 점을 모두 기록해, 개선점을 즉시 반영하도록 했다.

생활 루틴도 손봤다. 아침에 무작정 하루를 시작하는 대신, 그날의 우선순위를 정하는 습관을 들였다. 인간관계에서도 변화를 줬다. 나를 지치게 만드는 관계는 과감히 줄이고, 나를 성장하게 하는 사람과의 시간을 늘렸다. 과거에는 무조건 네트워크를 넓히는 데 집중했다면, 이제는 깊고 의미 있는 연결을 만드는 데 집중했다.

가장 큰 변화는, 남의 시선보다 내 기준을 먼저 세운 것이었다. 누군가의 인정이나 기대를 충족시키는 것이 아니라, 내가 세운 설계도에 따라 나를 키워나가는 것. 그렇게 한 걸음씩 나를 다시 세우다 보니, 이전보다 훨씬 단단한 기반이 생겼다. 실패가 두렵지 않게 된 것도 이때였다. 설계가 명확하다면, 무너져도 다시 세울 수 있다는 자신감이 생겼기 때문이다.

이 시기에 세운 '나만의 설계도'는 이후 나의 모든 선택과 행동의 기준이 되었다. 그리고 그 설계도에서 출발해, 나를 넘어 다른 사람들에게도 적용할 수 있는 구조적 모델을 만들었다. 그것이 바로 이후에 세상에 내놓게 될 슈퍼자기경영과 슈퍼사업경영의 씨앗이었다. 무너진 자리에서 시작된 설계가, 나뿐 아니라 다른 사람들의 인생과 비즈니스를 변화시킬 이론으로 자라나게 될 줄은 그때는 몰랐다.

3장

혁신하라

: 고통 속에서 피어난 아이디어

"고통은 위대한 스승이다.

그것은 우리가 배워야 할 모든 것을 가르쳐준다."

- 칼 융 (Carl Jung)

나는 책상 앞에서 이론을 만든 사람이 아니다. 먼저 삶이 나를 만들었고, 그다음에야 내가 이론을 만들었다. 비즈니스 실패는 나를 산산이 찢었지만, 그 상처를 꿰맨 건 공부였다. 그 공부는 교과서 속 문장이 아니라, 현장에서 부딪히며 얻은 생생한 깨달음이었다.

사람들은 종종 성공한 뒤에 이론을 만든다고 생각한다. 하지만 내 경우는 정반대였다. 실패가 쌓여서야, 그 안에서 공통된 패턴과 원리를 발견했다. 이론은 머리에서 시작된 게 아니라, 온몸으로 겪은 고통과 회복의 여정 속에서 구조화된 것이었다.

책상에 앉아 펜을 잡기 전, 나는 먼저 삶을 살아야 했다. 수천 번의 질문이 나를 괴롭혔다. 왜 실패했는가, 무엇을 몰랐는가, 무엇을 바꿔야 하는가. 그리고 언젠가, 그 수많은 질문이 한 방향으로 모이는 순간이 왔다.

이 장은 그 순간의 기록이다. 지식이 아니라 삶에서 배운 것, 그리고 그것을 어떻게 하나의 이론—슈퍼자기경영과 슈퍼사업경영—으로 세상에 꺼내놓게 되었는지를 이야기한다. 이론은 종이가 아니라, 살아 있는 나 자신 속에서 먼저 완성되었다.

지식이 아니라 삶에서 배운다

나는 한때, 문제를 해결하는 가장 빠른 길은 지식을 쌓는 것이라고 믿었다. 책을 읽고, 강의를 듣고, 성공한 사람들의 이야기를 메모하며, 답을 찾을 수 있다고 생각했다. 물론 지식은 도움이 됐다. 하지만 실패를 겪고 나서 깨달았다. 진짜 배움은 책 속에만 있지 않다는 것을. 삶이라는 거친 현실 속에서 부딪치고 깨지고 넘어지는 과정이야말로 나를 성장시킨 가장 강력한 스승이었다.

사업이 무너진 후, 나는 머릿속에 그려둔 '이론'과 현실의 간극을 뼈저리게 느꼈다. 책에서 읽은 전략들은 상황이 조금만 달라져도 적용이 어려웠고, 누군가의 성공담은 그 사람의 환경과 조건 속에서만 유효한 경우가 많았다. 반면, 내가 직접 경험한 실패와 그로 인한 감정, 그리고 다시 일어서기 위해 고민했던 선택들은 내 안에 깊이 새겨졌다. 그건 잊을 수 없었고,

상황이 달라져도 변형해서 쓸 수 있는 힘이 있었다.

삶에서 배운 것들은 단순한 '정보'가 아니라, 몸과 마음에 새겨진 감각이었다. 고객의 무심한 반응이 주는 싸늘함, 팀원 간의 갈등이 가져오는 미묘한 공기 변화, 예상치 못한 변수 앞에서 느끼는 답답함…. 이런 것들은 책 속에서 배울 수 없는 생생한 데이터였다. 실패는 고통스러웠지만, 그 고통 이야말로 내 사고와 행동을 재구성하는 재료가 되었다.

그리고 이 경험을 통해 알게 됐다. 지식은 출발점일 뿐, 진짜 힘을 가지려면 그것이 삶의 언어로 번역되어야 한다는 것을. 아무리 좋은 전략과 방법론을 알아도, 그걸 내 방식으로 해석해보고 직접 실행해보지 않으면, 그것은 여전히 '남의 이야기'에 머문다.

그래서 나는 이후부터 모든 배움에 '실험'을 붙였다. 책을 읽으면, 그 안에서 한 가지라도 바로 실행할 방법을 찾았다. 누군가의 조언을 들으면, 그걸 내 상황에 맞게 변형해 적용했다. 실행하고 나면, 잘된 점과 잘못된 점을 기록해 다음 시도에 반영했다. 이 반복 속에서 지식은 점점 내 것이 되었고, 삶에서 배운 것들은 이론보다 훨씬 오래 남았다.

돌이켜보면, 나를 지금까지 움직이게 한 건 방대한 지식의 양이 아니라, 삶에서 체득한 작은 깨달음들이었다. 그 작은 깨달음들이 쌓여, 결국 하나의 체계와 프레임으로 발전했다. 지식이 아니라 삶에서 배운다, 이것이 이후 내가 만든 모든 이론의 출발점이자, 지금도 변치 않는 나의 학습 원칙이다.

실패는 나를 찢었고, 공부는 나를 꿰맸다

사업이 무너졌을 때, 나는 마치 몸과 마음이 동시에 찢겨나가는 기분이었다. 하루아침에 회사의 대표에서 실패한 창업자가 되었고, 스스로 세운 꿈이 산산이 부서지는 장면을 눈앞에서 지켜봐야 했다. 가장 힘들었던 건, 내 인생의 중요한 몇 년을 쏟아부은 일이 '아무것도 아닌 것'처럼 사라지는 현실이었다. 그 상실감은 단순히 돈이나 성과의 문제가 아니라, 나라는 사람의 정체성을 송두리째 흔들었다.

그 시기에 나는 모든 게 무의미해 보였다. 책상 앞에 앉아도 집중이 안 되고, 사람을 만나도 마음이 열리지 않았다. 무엇을 해도 실패의 그림자가 따라다녔다. 그런데 이상하게도, 이런 혼란 속에서도 나는 책을 찾았다. 처음에는 그저 도피였다. 머릿속의 복잡한 생각을 잠시라도 잊기 위해 무작정 책을 펼쳤다. 하지만 읽다 보니, 책 속의 문장들이 내 상처를 건드리기 시작했다. 누군가의 실패담, 시련을 극복한 이야기, 철학자의 통찰, 경영자의 전략… 이 모든 것이 내 상황과 이상하리만큼 맞물렸다.

그때부터 공부는 단순한 정보 습득이 아니라, 상처를 꿰매는 행위가 되었다. 책 속의 사례와 이론을 읽으며, 나는 내 실패의 원인을 다른 시선으로 바라볼 수 있었다. 왜 그런 결정을 내렸는지, 어떤 관점이 부족했는지, 무엇을 놓쳤는지를 차분히 해석할 수 있었다. 그리고 그 과정에서 자책의 감정이 조금씩 줄어들었다. 잘못한 것은 잘못한 것이지만, 그것을 교정할 방법과 대안이 있다는 사실이 나를 다시 일어서게 했다.

공부는 내 상처를 서서히 봉합했다. 단편적인 위로나 감정적인 격려가 아니라, 구조와 원리를 통해 현실을 다시 이해하게 만들었기 때문이다. 나는 깨달았다. 실패가 나를 찢었다면, 공부는 그 찢어진 부분을 다시 꿰매는 바늘과 실이라는 것을. 공부를 통해 나는 내 실패를 하나의 사건으로 묶어 두지 않고, 다음 도전의 발판으로 만들 수 있었다.

이 시기에 읽고 정리한 지식과 통찰은 이후 내 삶과 비즈니스의 전환점이 되었다. 그리고 그것들은 훗날 슈퍼자기경영과 슈퍼사업경영 이론의 토대가 되었다. 실패로 인한 상처가 없었다면, 나는 아마 이런 프레임을 만들 생각조차 하지 못했을 것이다.

나를 일으켜 세운 지식과 경험을 구조화하다

나는 오랫동안 이론을 '남들이 만든 완성된 지식'이라고만 생각했다. 이미 누군가가 정리해 놓은 틀, 교과서 속의 법칙, 경영학이나 심리학책에 나오는 공식과 프레임들. 그래서 실패 후 처음에는, 그 완성된 이론들을 흡수하면 내가 다시 설 수 있을 거라고 믿었다. 하지만 곧 깨달았다. 남의 이론은 내 상황에 맞게 해석하고 변형하지 않으면 힘을 발휘하지 못한다는 것을.

실패 이후 내가 경험한 현실은 책에서 배운 이론과 너무 달랐다. 시장은 더 복잡했고, 고객은 더 까다로웠으며, 문제는 더 예측 불가능했다. 남의 이론을 그대로 적용하려고 할수록, 오히려 내 상황과 부딪혀 더 큰 혼란이 생겼다. 그때 나는 생각을 바꿨다. 이론은 남이 만든 것을 가져오는 것이 아니라, 내가 겪은 경험을 구조화해서 만든 것이어야 한다고.

내 경험 속에는 수많은 데이터가 숨어 있었다. 실패의 과정에서 겪은 사건들, 그때의 감정과 판단, 실행 후 얻은 결과와 피드백. 그 조각들을 그냥 추억이나 상처로만 남겨두면 아무 의미가 없었다. 그래서 하나하나 꺼내어 기록하고, 공통점을 묶고, 원인과 결과를 연결했다. 마치 흩어진 퍼즐 조각을 맞추듯, 경험을 구조화하는 작업이었다.

이 과정을 거치면서 나는 깨달았다. 이론은 정답을 주는 것이 아니라, 질문을 명확하게 해주는 틀이라는 것을. 좋은 이론은 복잡한 현실 속에서 길을 잃지 않도록 방향을 제시하고, 선택의 순간에 무엇을 기준으로 판단할지 알려준다. 그리고 무엇보다, 그 이론이 진짜 힘을 가지려면 내 삶과 비즈니스에서 나온 것이어야 했다.

이렇게 만들어진 것이 나만의 프레임, 슈퍼자기경영과 슈퍼사업경영 이론의 어렴풋한 형태였다. 실패와 시행착오 속에서 얻은 원리들을 하나의 구조로 묶자, 그것은 단순한 회고록이 아니라, 앞으로 나와 다른 사람들을 이끌 수 있는 실천 도구가 되었다. 결국 나를 일으켜 세운 건 멋진 명언이나 외부의 정답이 아니라, 내 경험을 체계화한 나만의 이론이었다.

수천 개의 질문, 하나의 방향

실패 이후 나는 나 자신에게 끊임없이 질문을 던졌다. "왜 그 결정을 내렸을까?", "그때 다른 선택을 했다면 어떻게 됐을까?", "진짜 문제는 무엇이었을까?", "내가 모른 채 넘어간 것은 무엇이었나?" 하루에도 수십 번씩, 때로는 새벽까지 잠을 설치며 이런 질문을 반복했다. 처음엔 답이 없는 질문들이 많았지만, 시간이 지나면서 그 질문들이 점점 나를 깊은 곳으로 데려갔다.

질문을 하다 보니, 그동안 내가 얼마나 피상적으로 문제를 바라봤는지 깨달았다. 겉으로 보이는 원인에만 집중했고, 더 깊이 파고들어야 보이는 근본적인 이유는 놓쳤다. 예를 들어, 매출 부진이라는 현상 뒤에는 제품의 완성도, 마케팅 메시지, 고객 타깃 설정, 심지어 팀원 간의 신뢰도 같은 복합적인 요소들이 얽혀 있었다. 이런 것들은 표면만 보면 절대 보이지 않았다. 질문은 그 보이지 않는 층을 파고드는 도구였다.

그 과정에서 나는 깨달았다. 좋은 질문은 문제를 단순히 풀어내는 것이 아니라, 나를 앞으로 움직이게 한다는 것을. 답을 찾기 위해 발로 뛰게 만들고, 새로운 시도를 하게 만들고, 때로는 잘못된 길에서 빠져나오게 한다는 것. 질문은 내 생각을 깨뜨렸고, 새로운 관점을 만들어 주었다.

수천 개의 질문 끝에, 나는 하나의 방향을 발견했다. 그것은 "삶과 비즈니스를 따로 보지 말라"는 것이었다. 그동안 나는 인생은 인생대로, 사업은 사업대로 따로 경영하려고 했지만, 실패를 통해 둘은 결국 같은 뿌리를 공유하고 있다는 것을 알았다. 내 가치관, 태도, 습관, 인간관계가 사업의 의사결정과 성과에 그대로 반영된다는 사실을 부정할 수 없었다.

이 깨달음은 내 사고의 판을 완전히 바꿨다. 인생과 사업을 동시에 설계할 수 있는 통합 모델이 필요하다는 결론에 이르렀고, 거기서 슈퍼자기경영과 슈퍼사업경영이라는 개념이 구체적으로 드러났다. 수천 개의 질문이 결국 한 방향을 가리켰고, 그 방향이 이후 나의 모든 이론과 실천의 기초가 되었다.

4장

도약하라

: 인생과 비즈니스를 바꿀 슈거 이론의 탄생

"삶이란 하나의 건축이다. 기초 없이 아름다운 집은 없다."

- 프랭크 로이드 라이트 (Frank Lloyd Wright)

나는 오랫동안 낮에는 사업 계획을 세우고, 밤에는 삶의 방향을 고민했다. 그러나 시간이 지날수록 깨달았다. 내 삶이 흔들리면 사업도 흔들렸고, 사업이 무너지면 삶도 함께 무너졌다. 결국 인생과 사업의 두 세계는 하나의 뿌리를 공유하고 있었던 것이다.

그 순간, 모든 것이 하나의 그림으로 보이기 시작했다. 인생과 사업은 건축과 같았다. 주춧돌이 없으면 기둥이 설 수 없고, 설계도가 없으면 완성은 불가능하다. 그리고 그 설계도는 따로 두 개가 아니라, 하나여야 했다. 삶과 사업은 동전의 양면처럼 서로를 비추고 지탱하는 구조였다.

그렇게 탄생한 것이 슈퍼자기경영(Life Value House, LVH)와 슈퍼사업경영(Business Value House, BVH) 이론이다. 슈퍼자기경영은 인생을 명품 건축물처럼 짓는 자기경영 모델이고, 슈퍼사업경영은 비즈니스를 명작처럼 짓는 사업경영 모델이다. 둘은 각각 독립적으로 작동할 수 있지만, 함께 쓰일 때 비로소 폭발적인 힘을 발휘한다.

이 장은 그 두 설계도의 탄생 이야기다. 실패와 통찰, 경험과 공부가 모여 어떻게 구조화되었는지, 그리고 왜 이것이 AI 시대에도 통하는 '슈퍼성장의 설계도'가 되었는지를 보여줄 것이다. 당신의 인생과 사업이 따로 놀고 있다면, 이제 그 경계를 허물 때다.

인생과 사업은 다르지 않았다

나는 오랫동안 인생과 사업을 완전히 다른 영역이라고 생각했다. 인생은 개인적인 가치와 행복, 관계의 영역이고, 사업은 이윤과 성과, 성장의 영역이라고 말이다. 그래서 그 둘을 따로 관리하고, 각각 다른 방식으로 접근하려고 했다. 하지만 실패를 겪고 나서야 알았다. 인생과 사업은 결코 분리할 수 없다는 것을.

사업에서 내린 의사결정은 나의 가치관과 태도에서 비롯됐다. 고객을 대하는 방식, 파트너와의 협력, 위기 상황에서의 선택…. 모든 것이 평소 내가 살아가는 방식과 닮아 있었다. 사업에서 신뢰를 잃은 순간을 돌아보면, 그 뿌리에는 인간관계에서의 태도나 습관이 있었다. 반대로, 인생에서 배운 교훈들이 사업의 중요한 순간에서 나를 구한 적도 있었다.

이 깨달음은 단순한 '마인드셋의 전환'이 아니었다. 사업과 인생은 같은 사람, 같은 뇌, 같은 마음이 움직이는 하나의 시스템이라는 사실을 인식한 것이다. 내가 삶에서 소중히 여기는 가치가 사업의 방향을 정했고, 내가 매일 반복하는 습관이 사업의 운영 방식을 결정했다. 결국 둘은 따로 경영할 수 없었고, 한쪽이 무너지면 다른 한쪽도 영향을 받을 수밖에 없었다.

그렇다면 해답은 명확했다. 인생과 사업을 하나의 프레임 안에서 함께 설계해야 했다. 인생을 위한 원칙과 사업을 위한 전략이 같은 뿌리에서 나와야 했고, 서로를 강화하는 구조를 만들어야 했다. 이 깨달음이 나를 '통합 모델'의 필요성으로 이끌었다. 내가 찾고자 한 것은 단순한 자기계발 도구나 경영 프레임워크가 아니었다. 삶과 비즈니스를 동시에 완성할 수 있는, 하나의 설계도였다.

이때부터 나는 인생을 경영하듯 다루고, 사업을 인생처럼 돌보는 방법을 찾기 시작했다. 그리고 그 시도가 곧 슈퍼자기경영과 슈퍼사업경영 이론 통합의 출발점이 되었다.

건축처럼, 삶과 사업도 설계가 필요하다

사업이 무너진 뒤, 나는 오랫동안 내 인생과 비즈니스를 마치 불안정한 건물처럼 바라봤다. 겉모습은 멀쩡해 보였지만, 기초와 구조가 약해 작은 충격에도 흔들리고 금이 갔다. 건축에 조금이라도 관심이 있다면 알 것이다. 기초가 단단하지 않으면 아무리 화려한 외관을 자랑하는 건물이라도 결국 무너진다는 사실을. 인생과 사업도 똑같았다.

그동안 나는 '좋은 기회'가 있으면 바로 뛰어들었고, '지금 해볼 만한 일'이 있으면 즉시 실행했다. 마치 설계도 없이 공사를 시작하는 것과 같았다. 그 순간에는 빠른 실행이 장점처럼 보였지만, 시간이 지나면 구조적인 결함이 드러났다. 시장 변화나 예기치 못한 위기라는 '외부 충격'이 닥치면, 나와 내 사업은 쉽게 흔들렸다.

그때 나는 건축가의 시선으로 나와 내 사업을 다시 보게 됐다. 건축은 먼저 지반을 조사하고, 토대를 다지고, 설계도를 완성한 뒤에야 공사를 시작한다. 설계도에는 건물의 목적, 구조, 동선, 사용자의 경험까지 모두 반영된다. 인생과 사업도 마찬가지였다. 먼저 내가 왜 이 건물을 지으려는지(사명), 어떤 모양으로 만들고 싶은지(비전), 어떤 재료와 기술을 사용할지(전략)를 설계해야 했다.

이때부터 나는 삶과 사업 모두에 '설계'라는 개념을 적용했다. 인생에서는 내가 지키고 싶은 가치, 이루고 싶은 목표, 매일의 습관을 기초에 세웠다. 사업에서는 사명과 비전, 핵심가치, 운영체계, 브랜딩 전략을 하나의 구조로 연결했다. 그렇게 설계도를 완성하고 나니, 이전보다 훨씬 안정적이고 예측 가능한 기반이 생겼다.

무엇보다 설계의 힘은 위기에서 빛을 발했다. 외부 환경이 변하더라도,

설계가 분명하다면 수정과 보완이 가능했고, 다시 세울 수 있었다. 마치 건물의 일부가 손상되어도 기초와 구조가 튼튼하면 복구가 가능한 것처럼. 이 경험이 내가 슈퍼자기경영과 슈퍼사업경영 이론을 구상하게 된 결정적인 계기가 되었다.

슈퍼자기경영: 인생을 명품처럼 짓는 자기경영 모델

내가 실패와 재기를 거치며 가장 먼저 정립한 것은 인생을 건축처럼 설계하는 방법이었다. 그 결과물이 바로 슈퍼자기경영 이론이다. 슈퍼자기경영은 단순한 자기계발 프레임이 아니라, 인생을 한 번 쓰고 버리는 소모품이 아닌 세상에 단 하나뿐인 명품 건축물처럼 짓는 과정이다. 명품 건축물은 외관만 화려한 것이 아니라, 기초부터 마감까지 모든 과정이 치밀하고 정교하다. 슈퍼자기경영도 마찬가지다.

슈퍼자기경영은 네 단계로 구성된다

1단계, 주춧돌(Cornerstone) — 인생의 기초를 놓는 단계다.

사명과 비전, 변하지 않는 신조 그리고 전략을 세운다. 이는 단순한 목표나 계획이 아니라, 평생의 방향을 결정짓는 기준이다. 주춧돌이 제대로 놓이지 않으면 그 위에 아무리 좋은 구조를 세워도 결국 흔들린다.

2단계, 기둥(Pillars) — 주춧돌 위에 삶을 떠받치는 다섯 개의 핵심 기둥을 세운다.

건강(Health), 인맥(Networking), 독서(Reading), 언어(Language), 자

산(Wealth)이 이에 해당한다. 이 기둥이 튼튼해야 인생이라는 건물이 안정적으로 버틸 수 있다.

3단계, 내부(Interior) — 나만의 차별적 역량과 실행력을 기반으로 인생의 성과와 브랜드를 채우는 단계다. 차별적 지식, 치밀한 계획, 과감한 실행, 탁월한 성과, 효율적 홍보, 지속적 관리가 유기적으로 연결된다.

4단계, 지붕과 외부(Roof & Exterior) — 단기 성과에 그치지 않고, 지속가능하고 선순환하는 삶을 완성하는 단계다. 사랑(Love)과 가치(Value) 실현이 핵심이며, 이를 통해 시간이 지날수록 삶의 품격과 영향력을 더한다.

슈퍼자기경영을 '명품'에 비유하는 이유는, 그것이 단순히 오래가는 건축물이라는 의미를 넘어, 시간이 지날수록 가치가 더 깊어지는 삶을 의미하기 때문이다. 명품 건축물은 10년, 20년이 지나도 그 안에 사는 사람에게 감동과 만족을 준다. 슈퍼자기경영 역시 지금의 만족에 그치지 않고, 시간이 지날수록 더 큰 성취감과 의미를 주는 인생을 설계하도록 돕는다.

이 모델은 나 스스로를 다시 세우는 데서 시작했지만, 곧 다른 사람들에게도 효과를 발휘했다. 사명과 비전을 다시 정립하고, 기둥을 강화하며, 자신만의 브랜드를 만들어나가는 과정을 통해 많은 사람들이 삶의 방향을 되찾았다. 슈퍼자기경영은 화려한 기법보다 기초와 본질에 집중하기 때문에, 어떤 상황에서도 적용할 수 있다는 장점이 있다.

결국 슈퍼자기경영은 "인생을 경영하라"는 말의 구체적인 설계도다. 감에 의존하지 않고, 흔들리지 않는 구조 위에서 자신만의 명품 같은 삶을 완성하는 방법. 이것이 내가 실패 속에서 발견한 첫 번째 보석이었다.

슈퍼사업경영: 비즈니스를 명작처럼 짓는 사업경영 모델

인생을 건축처럼 설계하는 방법인 슈퍼자기경영 이론을 정립한 뒤, 나는 같은 원리를 비즈니스에 적용할 수 있다는 확신을 가졌다. 그 결과물이 바로 슈퍼사업경영 이론이다. 슈퍼사업경영은 단순한 경영 기법이 아니라, 비즈니스를 세월이 지나도 빛을 잃지 않는 명작 건축물처럼 완성하는 설계도다. 명작 건축물은 기능과 아름다움, 안정성과 지속성을 모두 갖추듯, 슈퍼사업경영 역시 단기 성과를 넘어 장기 경쟁력과 브랜드 가치를 동시에 구축하도록 설계되었다.

슈퍼사업경영은 네 단계로 구성된다

1단계, 주춧돌(Cornerstone) — 사업의 사명과 비전, 변하지 않는 기업의 신조 그리고 전략을 세운다.

이는 단순한 매출 목표나 단기 실적이 아니라, 조직 전체가 함께 공유하는 존재 이유와 핵심가치다. 주춧돌이 약하면 시장 변화나 위기 상황에서 방향을 잃고 흔들리기 쉽다.

2단계, 기둥(Pillars) — 주춧돌 위에 사업을 떠받치는 다섯 개의 핵심 기둥을 세운다.

문화(Culture), 사람(People), 정보(Information), 체계(System), 자산(Asset)이 그것이다. 이 기둥이 튼튼해야 조직이 안정적으로 운영되고, 환경 변화에 유연하게 대응할 수 있다.

3단계, 내부(Interior) — 고객과 시장을 직접 만나 가치를 만들어내는 주활동이다.

차별적 기술(Differential Technology), 치밀한 공급(Careful Supply), 과감한 생산(Bold Production), 탁월한 제품(Excellent Product), 효율적 홍보(Efficient Promotion), 지속적 관리(Continuous Management)가 유기적으로 연결되어야만, 비즈니스가 안정성과 성장성을 동시에 확보할 수 있다.

4단계, 지붕과 외부(Roof & Exterior) — 단기 매출이 아니라, 지속가능하고 선순환하는 경영을 완성하는 단계다.

사랑(Love)과 가치(Value)를 기반으로 고객과 사회의 신뢰를 얻고, 시대가 요구하는 기업가 정신을 실현한다. 이는 기업이 세대를 넘어 존속할 수 있는 힘이 된다.

슈퍼사업경영을 '명작'에 비유하는 이유는, 단순히 오래가는 기업이 아니라, 시간이 지날수록 브랜드와 가치를 깊게 쌓아가는 경영을 의미하기 때문이다. 명작 건축물은 세월이 흘러도 처음 설계자의 철학과 정교함을 간직하고 있듯, 슈퍼사업경영 역시 경영자의 철학과 전략이 변치 않는 중심축이 된다.

단계	슈퍼자기경영(Life Value House, LVH) - 인생을 명품처럼 짓는 자기경영 모델	슈퍼사업경영(Business Value House, BVH) - 비즈니스를 명작처럼 짓는 사업경영 모델
1단계 주춧돌 (Cornerstone)	사명과 비전 - 내가 왜 사는가 나의 신조 - 흔들리지 않는 가치 전략 - 상황에 맞게 유연하게 　　　움직이는 원칙	사명과 비전 - 왜 이 사업을 하는가 기업의 신조 - 조직을 움직이는 중심 가치 전략 - 환경 변화에 선제적으로 대응하기
2단계 기둥 (Pillars)	건강 - 에너지의 기반 인맥 - 깊이 있는 관계 자산 독서 - 지식과 통찰 축적 언어 - 더 넓은 세상과 연결되는 도구 자산 - 현실과 미래를 연결하는 재정	문화 - 조직의 정신과 DNA 사람 - 인재 확보·육성 정보 - 데이터 기반 의사결정 체계 - 작지만 강한 시스템 자산 - 건강한 수익 구조
3단계 내부 (Interior)	차별적 지식 - 나만의 경쟁력 치밀한 계획 - 장기·단기 계획 병행 과감한 실행 - 미루지 않고 바로 　　　　　시작하는 힘 탁월한 성과 - 결과로 증명 효율적 홍보 - 존재를 알리는 전략 지속적 관리 - 성장을 유지하는 방법	차별적 기술 - 쉽게 따라 할 수 없는 　　　　　핵심역량 치밀한 공급 - 공급망~고객 경험까지 완성 과감한 생산 - 품질·속도 균형 탁월한 제품 - 감동을 설계한 결과물 효율적 홍보 - 브랜드 메시지 전달 지속적 관리 - 장기 신뢰 구축
4단계 지붕과 외부 (Roof &Exterior)	사랑 - 나와 타인을 돌보는 에너지 가치 - 사명을 통한 선순환 → 지속가능한 삶	사랑 - 고객과 사회의 신뢰를 얻는 　　　궁극의 가치 가치 - 시대가 요구하는 기업가 정신 → 지속가능한 경영

<슈퍼자기경영 & 슈퍼사업경영 이론 비교>

이 모델은 내가 실제 현장에서 겪은 도전과 실패, 그리고 성공의 경험을 구조화한 결과물이다. 사명과 비전을 재정립하고, 기둥을 강화하며, 핵심 역량과 운영체계를 하나의 구조로 연결한 결과, 단기 성과를 넘어 장기 신뢰와 지속가능한 성장 기반을 마련할 수 있었다.

결국 슈퍼사업경영은 "비즈니스를 경영하라"는 말의 구체적인 설계도다. 감이나 유행이 아니라, 단단한 구조와 명확한 방향 위에서 명작 같은 회사를 세우는 방법. 이것이 내가 현장에서 검증하며 완성한 두 번째 보석이었다.

인생과 사업은 동전의 양면

슈퍼자기경영과 슈퍼사업경영 이론을 완성하고 나니, 나는 비로소 인생과 사업의 관계를 선명하게 볼 수 있었다. 처음 사업을 시작했을 때만 해도, 인생은 사적인 영역이고 사업은 공적인 영역이라고 생각했다. 인생은 나의 행복과 가치관, 관계를 다루는 것이고, 사업은 시장과 경쟁, 성과를 다루는 것이라고 믿었다. 하지만 실패와 재기를 거치는 동안, 두 영역이 서로를 완벽하게 반영한다는 사실을 깨달았다.

사업에서 드러난 나의 의사결정 방식, 위기 대응 태도, 고객을 대하는 자세는 모두 내가 평소 삶에서 해온 선택과 태도의 연장선에 있었다. 인생에서의 불성실함과 게으름은 사업에서도 그대로 드러났고, 반대로 인생에서 길러온 신뢰와 꾸준함은 사업의 가장 강력한 핵심역량이 되었다. 결국 나는 인생과 사업을 따로 나눌 수 없다는 결론에 도달했다.

동전의 양면처럼, 인생과 사업은 서로 다른 얼굴을 하고 있지만 같은 금속으로 이루어져 있다. 한쪽이 손상되면 다른 한쪽도 영향을 받는다. 인생이 무너진 상태에서 사업을 잘 끌고 갈 수 없고, 사업이 완전히 무너진 상태에서 인생의 평온을 유지하기도 어렵다. 그래서 슈퍼자기경영과 슈퍼사업경영은 따로 떨어진 모델이 아니라, 같은 뿌리에서 나온 두 개의 구조다.

이 깨달음은 나의 경영철학을 바꿨다. 인생을 명품처럼 짓는 설계도인 슈퍼자기경영과 비즈니스를 명작처럼 짓는 설계도인 슈퍼사업경영은 서로를 강화하는 쌍둥이 구조다. 한쪽이 성장하면 다른 한쪽도 성장하고, 한쪽이 흔들리면 다른 한쪽이 함께 흔들린다. 그리고 이 구조를 제대로 세운 사람만이, 인생과 비즈니스 모두에서 오래 지속되는 슈퍼성장을 이룰 수 있다.

이제 나는 더 이상 인생과 사업을 따로 관리하지 않는다. 대신 하나의 설계도 위에서 두 영역을 함께 설계하고, 함께 성장시키며, 함께 완성해간다. 이것이 내가 발견한 가장 강력한 성장 공식이자, 슈퍼아이콘이 되는 첫 번째 조건이었다.

왜 슈퍼자기경영과 슈퍼사업경영은 세계 최초이자 최고인가

자기경영과 사업경영은 오랫동안 각각의 영역에서 수많은 이론과 방법론이 등장해 왔다. 하지만 대부분은 특정 영역에만 초점을 맞추거나, 단편적인 기술과 노하우를 전달하는 데 그쳤다. 슈퍼자기경영과 슈퍼사업경영은 이런 한계를 넘어, 인생과 비즈니스를 하나의 완결된 구조로 설계하고 실행하는 세계 최초의 모델이다.

슈퍼자기경영은 개인의 삶을 건축하듯 설계하는 자기경영 프레임이다. 시간 관리나 습관 형성 등에 머무르지 않고, 세상을 살아가는 데 필요한 모든 요소를 하나의 설계도로 묶어 인생 전반을 단계별로 완성한다. 기초를 다지고, 기둥을 세우고, 내부를 완성하고, 지속적으로 관리하는 네 단계의 구조는 단순 동기부여나 자기계발을 넘어 삶 자체를 명품처럼 짓는 방식을 제공한다. 수천 건의 교육·멘토링 사례를 통해 효과가 입증되었고, 시대가 변해도 적용 가능한 원리를 갖췄기에 세계 최고라 부를 수 있다.

슈퍼사업경영은 사업을 건축하듯 짓는 사업경영 프레임이다. 마케팅·재무·인사·생산처럼 흩어진 기능들을 하나의 통합 구조 안에서 연결하며, 창업 초기부터 대기업까지 적용할 수 있는 사업의 '설계도'를 제시한다. 아이디어 발굴, 공급망 설계, 생산·제품 개발, 홍보·판매, 지속적 관리에 이르기까지 전 과정을 네 단계 구조로 구현해 비즈니스를 명작처럼 완성한다. 다년간의 현장 경험과 글로벌 경영학, 최신 AI·디지털 트렌드까지 반영해 경쟁력을 높였기에 세계 최고라 말할 수 있다.

무엇보다 슈퍼자기경영과 슈퍼사업경영은 서로 독립적으로도 강력하지만, 동일한 설계 원리 위에 세워졌기에 함께 적용될 때 그 힘이 배가된다. 탄탄한 자기경영은 사업경영을 뒷받침하고, 성공적인 사업경영은 다시 개인의 삶을 확장시킨다. 이처럼 두 모델은 동전의 양면처럼 맞물려 개인과 비즈니스를 함께 성장시키는 유일한 프레임워크다.

AI 시대를 관통하는 성장 및 성공 공식, 슈퍼자기경영과 슈퍼사업경영

AI와 자동화 기술은 인간이 해오던 수많은 일을 더 빠르고, 더 정확하게, 더 저렴하게 처리하고 있다. 업무의 속도는 기하급수적으로 빨라졌고, 정보는 실시간으로 흘러 다니며, 시장의 변화 주기는 점점 짧아지고 있다. 과거에는 한 번의 성공이 10년, 20년을 지탱해주었지만, 지금은 불과 몇 년 만에 경쟁력이 사라진다. 어제의 강자가 오늘의 도태자가 되고, 어제의 낯선 기술이 오늘의 표준이 되는 시대다.

기술은 사람을 대체한다. 그러나 역설적으로, '사람만이 할 수 있는 일'의 희소성과 가치도 동시에 커지고 있다. 질문을 던지고, 의미를 만들고, 감동을 전하며, 관계를 쌓는 능력. 이 모든 것은 여전히 인간의 고유 영역이며, 앞으로 더욱 주목받게 될 경쟁력이다.

이 시대에 살아남기 위해서는 두 가지 힘이 반드시 필요하다. 하나는 나 자신을 지키고 성장시키는 힘, 그리고 다른 하나는 내가 만든 비즈니스를 변화 속에서도 지속시키는 힘이다. 전자는 슈퍼자기경영, 후자는 슈퍼사업경영이라는 이론으로 이 책에서 제시하는 핵심 프레임이다.

슈퍼자기경영은 내 삶을 명품처럼 설계하고, 나만의 철학·역량·브랜드를 구축하는 자기경영 프레임이다. AI 시대에는 '내가 누구인가', '무엇을 할 수 있는가'가 단순한 자기소개가 아니라, 존재 이유를 증명하는 생존 전략이 된다. 정체성이 흐릿한 사람은 대체되기 쉽지만, 자신만의 색을 가진 사람은 시장에서 오래 살아남는다.

슈퍼사업경영은 비즈니스를 명작처럼 설계하고 운영하는 사업경영 프레임이다. 시장의 흐름, 고객의 변화, 기술의 진보에 맞춰 제품 · 서비스 · 시스템을 끊임없이 재설계하고 진화시키는 경영 전략이다. 하나의 아이템이나 방식에만 집착해서는 변화의 파도 속에서 금세 퇴장당하고 만다. 적응하고 혁신할 수 있는 구조와 마인드셋이 필수다.

슈퍼자기경영과 슈퍼사업경영은 각각 독립적인 이론이지만, 현실에서는 결코 따로 존재하지 않는다. 내가 무너지면 비즈니스도 무너지고, 비즈니스가 무너지면 내 삶의 기반도 흔들린다. 인생은 비즈니스의 거울이고, 비즈니스는 인생의 확장이다.

AI 시대를 헤쳐나가는 진정한 경쟁력은 이 두 구조를 동시에 세우고, 유기적으로 연결해 하나의 통합된 성장엔진으로 작동시키는 데 있다. 이것이 바로 내가 슈퍼자기경영과 슈퍼사업경영 이론을 '동전의 양면'이라 부르는 이유다. 이 둘은 따로 배우는 기술이 아니라, 함께 살아내야 할 전략이다.

BE THE
SUPER
ICON

제 2 부

슈퍼자기경영

|

: 인생을 명품처럼 지어라

인생을 완성하는 자기경영 모델

[슈퍼지기경영 1단계] 방향과 기준을 세우는 삶의 주춧돌
[슈퍼지기경영 2단계] 삶을 탄탄히 떠받치는 핵심 기둥
[슈퍼지기경영 3단계] 성과와 지속 성장을 만드는 6가지 전략
[슈퍼지기경영 4단계] 지속가능한 삶의 완성

"당신의 삶은 당신이 반복해서 하는 것들의 총합이다.
그러므로 탁월함은 행위가 아니라 습관이다."

- 아리스토텔레스 (Aristotle)

BE THE
SUPER
ICON

지속 가능한 가치

LVH(Life Value House)

지붕 및 외부

사랑

내부(주활동) ※핵심역량

지속적 관리
효율적 홍보
탁월한 성과
과감한 실행
치밀한 계획
차별적 지식

전략

기둥(지원활동)

건강 인맥 독서 언어 자산

주춧돌

나의 신조 ※핵심가치

사명과 비전

<슈퍼자기경영(Life Value House, LVH)>

인생은 그저 흘러가는 시간이 아니다. 우리는 매일 삶을 설계하고, 선택하고, 쌓아 올린다. 그것은 곧 하나의 건축 과정이며, 나라는 집을 짓는 일이기도 하다. 무의식에 맡기면 인생은 우연의 흐름 속에 흘러가지만, 의식적으로 경영하면 삶은 설계된 구조 위에서 성장한다.

이 부에서 소개할 슈퍼자기경영(Life Value House, LVH)는 인생을 명품 건축물처럼 짓기 위한 자기경영 모델이다. 이는 단순한 자기계발 방법론이 아니라, MBA 이론과 실무 경험을 바탕으로 경영학의

전략 · 조직 · 재무 · 마케팅 원리를 개인의 삶에 구조화한 '슈퍼자기경영' 프레임이다. 말 그대로, '나'라는 브랜드를 전략적으로 경영하고 성장시키는 실천적 설계도다.

슈퍼자기경영은 총 4단계, 12요소로 구성된다. 1단계는 삶의 방향과 기준을 세우는 주춧돌(Cornerstone)이고, 2단계는 건강, 인맥, 독서, 언어, 자산이라는 기둥(Pillars)을 세운다. 3단계에서는 일상과 목표를 실행하는 내부의 집짓기(Interior) 과정이 펼쳐지고, 4단계에서는 이를 끊임없이 유지하고 확장하는 지붕 및 외부(Roof & Exterior)를 완성한다. 이처럼 슈퍼자기경영은 자기 자신을 명확히 정의하고, 지속가능한 성장을 설계하는 통합 프레임이다.

이제 우리는, 인생이라는 건축물을 어떻게 설계하고 지어야 하는지, 그 전 과정을 함께 밟아가려 한다. '나'라는 존재를 가장 정교하고도 의미 있게 경영하기 위한 여정이 지금부터 시작된다.

방향과 기준을 세우는
삶의 주춧돌

"왜 사는지를 아는 사람은, 어떤 어려움도 이겨낼 수 있다."

- 프리드리히 니체 (Friedrich Nietzsche)

한 건물이 수십 년, 수백 년 동안 버티는 이유는 화려한 외관이나 첨단 설비가 아니라, 보이지 않는 곳에 놓인 주춧돌 덕분이다. 그 주춧돌이 제대로 자리 잡지 않으면, 아무리 멋진 설계와 튼튼한 자재를 써도 결국 기울고 만다. 인생도 이와 다르지 않았다.

나 역시 한때는 주춧돌보다 눈에 보이는 기둥과 외벽에만 관심을 두었다. 좋은 직함, 높은 매출, 멋진 성과가 인성을 지탱해줄 거라 믿었다. 하지만 한 번의 위기 앞에서 그것들이 얼마나 쉽게 무너질 수 있는지 뼈저리게 경험했다. 그때 비로소 깨달았다. 인생에서 가장 먼저 세워야 할 것은 외형이 아니라 방향과 기준이라는 것을.

슈퍼자기경영 1단계, 삶의 주춧돌은 바로 이 방향과 기준을 세우는 단계다. 여기서 다루는 사명과 비전, 나의 신조, 그리고 전략은 단순한 구호나 선언이 아니다. 앞으로 세울 모든 기둥과 집, 그리고 그 위에서 살아갈 나를 지탱하는 근본적인 기반이다.

이 장에서는 왜 주춧돌이 인생의 첫 번째 단계가 되어야 하는지, 그리고 그것을 어떻게 세워야 하는지를 이야기할 것이다. 주춧돌이 단단히 놓이면 기둥도, 집도, 그리고 완성된 삶도 오래 버틸 수 있다. 하지만 기초가 부실하면, 그 위에 쌓은 모든 것은 결국 무너진다.

사명과 비전: 왜 사는가

"왜 사는가?"라는 질문은 단순히 철학적인 물음이 아니다. 오히려 인생의 방향과 속도를 결정짓는 가장 실용적인 질문이다. 사람은 누구나 매일 선택을 한다. 오늘 무엇을 할지, 어떤 사람과 시간을 보낼지, 무엇에 시간을 쓸지. 그런데 그 선택을 이끄는 기준이 없다면, 우리는 외부의 요구와 상황에 따라 이리저리 흔들리며 살아가게 된다.

사명은 내가 왜 존재하는지에 대한 가장 근본적인 이유다. 단순히 '좋은 사람으로 살고 싶다'는 차원의 막연한 바람이 아니라, 내가 어떤 가치를 세상에 남기고 싶은지, 무엇을 위해 시간을 쓰고 싶은지를 구체적으로 정의한 것이다. 사명이 분명하면 작은 일에도 의미를 느낄 수 있고, 어려움 속에서도 포기하지 않을 이유가 생긴다.

비전은 사명을 향해 나아가는 과정에서 내가 그리고 있는 미래의 모습이다. 사명이 뿌리라면, 비전은 그 뿌리에서 자라나는 나무의 모양이다. 비전이 없는 사명은 방향이 흐릿하고, 사명이 없는 비전은 공허하다. 비전은 나를 앞으로 끌어당기는 힘이며, 목표를 이루는 과정에서 반드시 필요한 원동력이다.

많은 사람들이 이 질문을 깊이 고민하지 않은 채 살아간다. 좋은 학교, 좋은 직장, 안정적인 생활을 목표로 달려가지만, 그 안에 왜 그것을 원하는지에 대한 본질적인 답은 비어 있다. 그래서 목표를 달성하고 나서도 공허함이 찾아오고, 다음 목표를 세우는 일이 힘들어진다. 나는 이 과정을 여러 번 겪었다. 목표를 이루고도 기쁘지 않았고, 오히려 허무함이 밀려왔다. 그때 깨달았다. 목표 자체보다 중요한 것은, 그것이 나의 사명과 비전에 맞는가 하는 것이다.

사명과 비전을 세우는 일은 하루아침에 끝나는 작업이 아니다. 깊이 있는 자기 성찰이 필요하고, 때로는 과거의 실패와 경험에서 힌트를 얻어야 한다. 나 역시 사업 실패와 재기를 거치며, 내가 진짜 하고 싶은 일과 지켜야 할 가치를 하나씩 발견했다. 그리고 그것을 문장으로 명확하게 정리했을 때, 인생의 많은 결정이 훨씬 쉬워졌다.

이제 당신에게도 같은 질문을 던지고 싶다.
"당신은 왜 사는가?"

그리고 "당신이 그리는 미래는 어떤 모습인가?"

이 두 질문에 대한 답이, 앞으로 세울 모든 기둥과 벽, 지붕의 방향을 결정할 것이다.

나의 신조: 흔들리지 않는 가치

사명과 비전이 인생의 방향과 목적지를 결정한다면, 신조는 그 길을 걸어가는 동안 절대 타협하지 않는 기준이다. 신조는 단순한 좌우명이나 멋진 문구가 아니라, 내가 어떤 상황에서도 지켜야 할 원칙이다. 폭풍이 몰아칠 때 방향을 잃지 않게 해주는 나침반과 같고, 길이 보이지 않을 때 다시 발을 디딜 수 있는 단단한 땅과 같다.

사람들은 종종 위기 상황에서 평소와 다른 선택을 한다. 평소에는 정직을 중시한다고 말하다가도, 상황이 급해지면 거짓을 택하기도 한다. 하지만 진짜 신조는 상황에 따라 바뀌지 않는다. 오히려 힘든 상황일수록 더 선명하게 드러난다. 그래서 신조를 세울 때는 '좋을 때만 지킬 수 있는 원칙'이 아니라, '어려울 때도 반드시 지킬 수 있는 원칙'을 선택해야 한다.

나의 경우, 한때는 성과와 효율이 전부라고 믿었다. 하지만 사업 실패를 겪으면서, 사람과의 신뢰가 무너지면 어떤 성과도 오래가지 못한다는 것을 깨달았다. 그 이후로 나의 신조 중 하나는 "사람을 잃으면서 얻는 성과는 의미 없다."였다. 이 신조 덕분에, 눈앞의 이익을 포기하는 결정을 내리더라도 후회하지 않을 수 있었다.

신조는 많을 필요가 없다. 오히려 세 개에서 다섯 개 정도로 압축하는 것이 좋다. 너무 많으면 기억하기 어렵고, 실제 상황에서 적용하기 힘들다. 중요한 것은 그 신조가 내 삶의 모든 선택에 영향을 줄 만큼 강력해야 한다는 것이다. 예를 들어, "거짓말하지 않는다.", "내가 한 약속은 반드시 지킨다.", "사람을 먼저 생각한다."라는 단순하지만 강한 문장들이 훌륭한 신조가 될 수 있다.

신조를 세우는 과정은 나를 깊이 들여다보는 작업이다. 과거에 무엇을 후회했는지, 어떤 순간에 자부심을 느꼈는지, 무엇 때문에 분노했는지를 떠올려 보면, 그 안에서 내가 지키고 싶은 가치들이 드러난다. 그 가치들을 문장으로 다듬고, 매일 상기하며, 모든 결정의 기준으로 삼아야 한다.

사명과 비전이 길의 시작과 끝을 보여준다면, 신조는 그 길에서 한 걸음 한 걸음을 올바르게 내딛게 해준다. 그리고 이 세 가지—사명, 비전, 신조—가 단단하게 연결될 때, 인생의 주춧돌은 비로소 견고해진다.

전략: 상황에 맞게 유연하게 움직이는 원칙

사명과 비전이 목적지를, 신조가 길의 기준을 제공한다면, 전략은 그 목적지를 향해 어떻게 나아갈지를 결정하는 구체적인 움직임이다. 전략이란 단순한 계획표나 일정표가 아니다. 그것은 상황에 맞춰 방향과 속도를 조절하는 지혜다.

많은 사람들이 전략을 '한 번 세우면 그대로 따라가는 고정된 길'로 오해한다. 하지만 현실은 끊임없이 변한다. 시장이 변하고, 기술이 변하고, 관계와 환경이 변한다. 그렇기에 전략은 고정된 것이 아니라, 사명과 신조라는 변하지 않는 토대 위에서 유연하게 조정되는 실행 원칙이어야 한다.

나 역시 초기에는 전략을 딱 한 가지로만 세우고 밀어붙였다. 그러나 예상치 못한 변수들이 등장할 때마다 계획이 무너지고, 방향을 잃었다. 그 경험을 통해 깨달았다. 전략은 '단 하나의 길'을 고집하는 것이 아니라, 사명과 신조라는 나침반을 기준으로 상황에 맞는 길을 선택하고, 필요하면 빠르게 우회하는 능력이라는 것을.

전략을 세울 때 중요한 것은 세 가지다.
1. 사명·비전에 부합하는가 — 아무리 좋은 방법이라도 나의 목적과 맞지 않으면 장기적으로 손해다.
2. 현실과 자원을 고려했는가 — 내 현재 위치, 사용할 수 있는 시간과 돈, 네트워크를 냉정하게 분석해야 한다.
3. 변화에 대응할 여지를 남겼는가 — 처음부터 모든 것을 고정하지 않고, 변화에 맞춰 조정할 수 있는 유연성을 설계해야 한다.

전략은 결국 실행을 위한 가이드라인이다. 사명과 비전이 나를 '왜' 움직이게 만드는지 알려주고, 신조가 '무엇을 절대 하지 않을지'를 정해준다면, 전략은 '지금 어떤 길을 선택할지'를 판단하게 해준다.

이렇게 사명, 비전, 신조, 전략이 유기적으로 연결되면 인생의 주춧돌은 완성된다. 그 위에 어떤 기둥을 세우든, 어떤 구조물을 올리든, 이 토대가 단단하다면 쉽게 무너지지 않는다. 그리고 이 주춧돌이 바로 슈퍼자기경영의 1단계, 슈퍼자기경영의 출발점이다.

삶을 탄탄히 떠받치는
핵심 기둥

"성공은 일상의 루틴 속에서 만들어진다."

- 존 맥스웰 (John C. Maxwell)

주춧돌이 완성되면, 이제 그 위에 기둥을 세울 차례다. 건물에서 기둥은 단순히 구조물을 버티는 부품이 아니라, 전체 구조의 안정성과 내부 공간의 활용도를 결정짓는 핵심 요소다. 인생도 마찬가지다. 주춧돌이 방향과 목적을 정해준다면, 기둥은 그 방향으로 안정적으로 나아갈 수 있는 힘과 자원을 제공한다.

슈퍼자기경영에서 말하는 삶의 기둥은 다섯 가지다. 건강, 인맥, 독서, 언어, 자산. 이 다섯 기둥은 인생의 거의 모든 활동을 떠받치는 기반이다. 건강은 에너지의 근원이고, 인맥은 기회의 문을 열어주며, 독서는 지식과 통찰을 쌓아 사고의 깊이를 더한다. 언어는 더 넓은 세상과 연결하는 다리이며, 자산은 현실과 미래를 이어주는 안전망이 된다.

이 다섯 기둥 중 하나라도 약해지면 당장은 버틸 수 있을지 몰라도, 시간이 지날수록 전체 구조가 불안정해진다. 결국 외부의 충격이나 예상치 못한 상황에서 기둥이 무너지고, 그 여파로 주춧돌마저 위태로워질 수 있다. 반대로 다섯 기둥이 모두 튼튼하면, 인생은 장기적인 안정을 유지하며 성장할 수 있다.

많은 사람들이 이 기둥들을 '당연히 있는 것'처럼 여기며 적극적으로 관리하지 않는다. 건강은 젊을 때 소홀히 하고, 인맥은 필요할 때만 연락하며, 독서는 시험과 자격증을 위한 수단으로만 생각한다. 언어는 불편할 때만 배우려 하고, 자산은 여유가 있을 때만 신경 쓴다. 그러나 이 다섯 기둥은 일시적으로 세우는 것이 아니라, 평생에 걸쳐 지속적으로 보강하고 점검하며 상황에 맞게 개조해야 한다.

이 장에서는 다섯 기둥을 하나씩 살펴보고, 각 기둥을 어떻게 강화할 수 있는지, 그리고 이 기둥들이 서로 연결되어 인생 전체 구조를 어떻게 안정시키는지 다룰 것이다. 이 과정을 통해 당신의 인생 설계도는 한층 더 단단하고 입체적으로 완성될 것이다.

건강: 기본기를 다지다

건강은 모든 기둥 중 가장 먼저 세워야 할 기둥이다. 건강이 무너지면 인생의 다른 영역—인맥, 독서, 언어, 자산—모두가 제 기능을 하지 못한다. 아무리 큰 꿈과 목표를 세워도, 그것을 실현할 체력과 에너지가 없다면 계획은 머릿속에서만 맴돌다 사라진다. 그래서 슈퍼자기경영에서 건강은 다른 네 기둥을 지탱하는 '기둥의 기둥'이다.

건강을 지킨다는 것은 단순히 병이 없다는 뜻이 아니다. 매일의 활동을 무리 없이 해낼 수 있는 체력, 회복력, 그리고 안정된 정신 상태를 유지하는 것을 의미한다. 체력이 뒷받침되지 않으면 중요한 순간에 집중력을 발휘할 수 없고, 회복력이 떨어지면 작은 실패나 스트레스에도 오래 주저앉게 된다. 정신 건강 역시 중요하다. 불안과 우울, 분노와 같은 감정이 장기간 방치되면 삶의 모든 결정이 왜곡되고, 관계와 성과에도 부정적인 영향을 준다.

나는 한때 건강을 후순위로 미뤄뒀다. "조금만 더 버티면 된다"는 생각으로 밤을 새우고, 끼니를 대충 때우며, 운동은 사치처럼 여겼다. 하지만 몸이 무너지기 시작하자 사업과 인간관계, 배움과 성장까지 모두 무너졌다. 그때 비로소 깨달았다. 건강은 선택이 아니라 필수이며, 유지비용이 아니라 성장자본이라는 사실을.

건강 기둥을 세우기 위해서는 세 가지 습관이 필요하다.

1. 규칙적인 생활 리듬 — 일정한 수면 시간과 식사 패턴은 체력의 기본이다.

2. 꾸준한 운동과 명상 — 격렬할 필요는 없지만, 매일 몸을 움직이는 습관과 명상은 회복력을 키운다.

3. 정기 점검과 예방 — 증상이 심해질 때까지 기다리지 말고, 미리 상태

를 확인하고 관리한다.

건강은 눈에 잘 보이지 않지만, 장기적으로는 모든 성과와 행복을 좌우한다. 건강이 무너지면 인생의 모든 기둥이 흔들린다. 반대로 건강이 튼튼하면 다른 기둥을 세우고 보강하는 작업이 훨씬 수월해진다.

인맥: 얕은 인맥보다 깊은 연결

건강이 인생의 에너지원이라면, 인맥은 그 에너지가 세상과 연결되는 경로다. 사람과의 연결은 단순히 친분을 쌓는 것을 넘어, 기회와 배움, 영감을 가져다주는 통로가 된다. 하지만 인맥의 가치는 '얼마나 많은 사람을 아느냐'로 결정되지 않는다. 중요한 것은 '얼마나 깊이 연결되어 있느냐'다.

많은 사람들은 인맥을 숫자로 생각한다. 명함을 많이 모으고, SNS 팔로워 수를 늘리며, 다양한 모임에 얼굴을 비추는 것을 네트워킹이라 믿는다. 그러나 그런 얕은 연결은 위기 상황에서 힘을 발휘하지 못한다. 진짜 인맥은 서로의 신뢰를 기반으로 한다. 도움을 줄 수 있을 때 먼저 손을 내밀고, 필요할 때 기꺼이 부탁할 수 있는 관계가 깊은 인맥이다.

나는 한때 인맥을 '넓히는 것'에만 집중했다. 하지만 어려운 시기에 진정으로 나를 도와준 사람은 손에 꼽았다. 그때 깨달았다. 넓은 인맥보다 깊이 있는 인맥이 더 강력하다는 사실을. 깊은 인맥은 단기간에 만들어지지 않는다. 시간과 관심, 진심 어린 교류가 쌓여야 한다.

깊은 인맥을 만드는 방법은 세 가지다.

1. 진심으로 관심 갖기 — 상대의 상황과 관심사를 기억하고, 필요할 때 먼저 연락한다.

2. 일관된 신뢰 쌓기 — 약속을 지키고, 말과 행동이 다르지 않게 한다.

3. 가치 있는 교류 — 단순한 소식 공유가 아니라, 서로에게 도움이 되는 정보나 기회를 나눈다.

인맥은 숫자가 아니라 질이다. 깊이 있는 몇 명의 관계가 얕은 수백 명보다 훨씬 큰 힘을 발휘한다. 인맥 기둥이 튼튼하면, 예상치 못한 순간에도 당신의 길을 열어줄 사람들이 나타난다.

독서: 지식의 지분을 확보하라

건강이 에너지를, 인맥이 기회를 만들어 준다면, 독서는 그 기회를 제대로 활용할 수 있는 지식의 기반을 만든다. 지식은 단순한 정보의 축적이 아니라, 세상을 해석하고 의사결정을 내리는 힘이다. 그리고 이 지식의 가장 확실한 축적 방법이 바로 독서다.

많은 사람들은 독서를 취미나 여가 활동 정도로 생각한다. 그러나 나는 독서를 자산 관리에 비유한다. 꾸준히 쌓인 지식은 복리처럼 시간이 지날수록 가치가 커지고, 예기치 못한 순간에 엄청난 힘을 발휘한다. 사업을 하든, 경력을 쌓든, 인간관계를 유지하든, 깊이 있는 판단력과 창의성은 결국 축적된 지식에서 나온다.

나 역시 사업 초기에는 실무 경험이 전부라고 생각했다. 하지만 위기 상황에서 나를 구한 건 경험만이 아니었다. 경험 속에서 길을 찾게 해준 건 과거에 읽었던 책 속 한 구절, 역사나 철학에서 배운 통찰, 다른 분야 사례에서 얻은 아이디어였다. 그때 깨달았다. 독서는 단기적으로 당장 효과가 보이지 않더라도, 장기적으로 인생을 바꾸는 가장 강력한 투자라는 사실을.

독서를 지식 자산으로 만들기 위해서는 세 가지 원칙이 필요하다.

1. 분야의 균형 — 내 전공이나 관심 분야뿐 아니라, 인문학, 과학, 예술, 사회 등 다양한 영역을 읽어야 한다.

2. 기록과 정리 — 읽고 나서 느낀 점과 배운 점을 메모하고, 나중에 찾아볼 수 있도록 정리한다.

3. 실행과 연결 — 책에서 배운 것을 바로 일상이나 업무에 적용해 본다.

독서는 단순히 '많이 읽는 것'이 목적이 아니다. 읽은 책이 내 생각과 행동, 그리고 결과에 영향을 미치는 것이 진짜 목표다. 독서 기둥이 튼튼한 사람은 변화와 위기 속에서도 흔들리지 않는다. 왜냐하면 그는 이미 자신의 머릿속에 거대한 도서관을 지니고 있기 때문이다.

언어: 더 넓은 세상을 여는 도구

언어는 단순히 말과 글, 또는 외국어 능력만을 뜻하지 않는다. 그것은 곧 타인과 소통하고, 생각을 전하며, 마음을 움직이는 모든 수단이다. 언어는 설득의 힘이자, 관계를 여는 열쇠이며, 세상을 확장하는 문이다.

언어를 하나 더 익힌다는 것은 말 그대로 세상 하나를 더 여는 것이고, 그만큼 기회와 시야가 넓어진다. 반대로 표현의 폭이 제한되면 세상을 보는 창도 그만큼 작아진다. 같은 사건이라도 어떤 언어, 어떤 어조, 어떤 표현으로 전하느냐에 따라 이해의 깊이와 해석이 완전히 달라진다.

많은 사람들은 언어를 '필요할 때 꺼내 쓰는 기술' 정도로 생각한다. 하지만 진정한 언어의 힘은 필요할 때 단기간에 만들어지지 않는다. 유창한 외국어 회화처럼, 설득력 있는 스피치나 깊이 있는 글쓰기도 꾸준한 훈련과 장기적인 노출 속에서만 자란다. 더 중요한 것은, 언어를 익힌다는 것은 단순히 단어와 문장을 배우는 것이 아니라 그 속에 담긴 문화, 사고방식, 감정의 흐름까지 배우는 일이라는 점이다.

나 역시 영어를 배울 때 처음에는 단순 회화 능력에 집중했다. 하지만 시간이 지나면서 깨달았다. 언어를 배우는 과정은 곧 새로운 시각을 받아들이고, 다른 문화권의 가치와 세계관을 이해하며, 상대방의 마음을 움직일 수 있는 표현법을 몸에 새기는 과정이었다는 것을.

이 경험은 비즈니스 협상에서 신뢰를 얻고, 콘텐츠 제작에서 더 강한 메시지를 만들고, 글로벌 네트워크 속에서 진정성 있는 관계를 만드는 데 큰 자산이 되었다.

언어라는 기둥을 세우기 위해서는 세 가지가 필요하다.

1. 꾸준한 노출 — 매일 일정 시간을 말하고, 듣고, 읽고, 쓰는 데 투자한다.

2. 맥락 속 학습 — 상황과 대화, 스토리 손에서 배우면 설득력 있는 표현이 쌓인다.

3. 문화와 감정까지 이해하기 — 그 언어를 쓰는 사람들의 가치관과 정서를 이해하면 표현이 훨씬 자연스러워지고, 전달력이 배가된다.

언어는 새로운 시장을 열어주고, 다양한 사람들과 깊이 있는 관계를 만들 수 있게 한다. 표현의 도구가 풍부한 사람은 한정된 환경에 갇히지 않고, 언제든 더 넓은 세상으로 나아갈 준비가 되어 있다. 결국 언어를 다룬다는 것은 단순한 기술 습득이 아니라 세상을 바꾸는 힘을 손에 쥐는 것이다.

자산: 현실과 꿈의 균형

자산은 인생의 기둥 중 마지막이지만, 그 영향력은 모든 기둥에 스며든다. 건강, 인맥, 독서, 언어가 성장의 동력을 제공한다면, 자산은 그 동력을 장기적으로 유지하고 확장할 수 있는 연료와 안전망이다. 자산이 부족하면 기회가 와도 잡지 못하고, 위기가 닥치면 모든 기둥이 한 번에 흔들린다.

많은 사람들이 자산을 단순히 '돈'으로 한정해서 생각한다. 물론 재정적 자산은 중요한 기반이다. 하지만 여기서 말하는 자산은 돈에만 국한되지 않는다. 시간, 경험, 기술, 지식, 신뢰까지 모두 자산의 범주에 포함된다. 이 자산들이 균형 있게 쌓여야 안정성과 유연성을 동시에 가질 수 있다.

나는 한때 "돈만 벌면 나머지는 따라온다"고 믿었다. 하지만 현실은 전혀 달랐다. 돈이 없으니 좋은 기회를 앞에 두고도 잡을 수 없었고, 새로운 도전을 이어갈 버팀목도 부족했다. 기술과 아이디어는 있었지만, 그것을 실행에 옮길 재정적 기반이 없었고, 신뢰를 쌓을 시간과 환경도 갖추지 못했다. 결국 무리하게 일을 벌이다 건강과 관계마저 잃은 적이 많았다. 그제야 깨달았다. 진짜 자산은 단순히 돈이 아니라, 돈과 삶의 다른 자산들이 균형을 이룰 때 비로소 완성된다는 사실을.

자산 기둥을 튼튼하게 세우기 위해서는 세 가지 원칙이 필요하다.
1. 다양화 — 재정적 자산뿐 아니라, 기술·지식·관계·시간을 고르게 확보한다.
2. 유동성 — 필요할 때 바로 활용할 수 있도록, 자산을 묶어두지 않는다.
3. 재투자 — 자산을 소비로만 쓰지 않고, 새로운 기회와 성장에 재투자한다.

자산은 당장의 안정감을 보장할 뿐 아니라, 더 큰 도전과 변화를 가능하게 한다. 자산 기둥이 튼튼하면 인생 설계도 전체가 안정적으로 유지되며, 주춧돌과 다른 기둥들이 제 역할을 다할 수 있다. 결국 자산은 현실과 꿈을 이어주는 다리이자, 슈퍼성장을 지속시키는 보이지 않는 엔진이다.

성과와 지속 성장을 만드는
6가지 전략

"성과는 준비된 자의 실행에서 태어난다."

- 오프라 윈프리 (Oprah Winfrey)

주춧돌이 방향과 목적을 잡아주고, 기둥이 인생을 지탱할 기반을 세웠다면, 이제는 그 위에 집을 짓는 단계로 들어간다. 이 단계는 인생이라는 설계도의 핵심이 가시적으로 드러나는 과정이다. 사람들이 밖에서 보게 되는 모습, 안에서 누리게 되는 공간, 그리고 시간이 흐를수록 깊어지는 품격이 모두 이 단계에서 결정된다.

슈퍼자기경영에서 집을 짓는다는 것은 단순히 '성과를 만드는 것'을 의미하지 않는다. 여기서 말하는 집은 나만의 차별적 역량을 기반으로 세상과 소통하며 가치를 창출하는 구조물이다. 겉보기에 화려하기만 한 집은 오래가지 못한다. 대신 기초와 기둥 위에 튼튼하고 실용적이며, 동시에 나만의 개성과 철학이 살아 있는 집을 지어야 한다.

이 단계는 여섯 가지 요소로 구성된다. 차별적 지식, 치밀한 계획, 과감한 실행, 탁월한 성과, 효율적 홍보, 지속적 관리. 차별적 지식은 집의 설계도를 만드는 단계이고, 치밀한 계획은 공정표를 짜는 일이다. 과감한 실행은 실제 공사를 시작하는 힘이고, 탁월한 성과는 완성된 구조물이 주는 감동이다. 효율적 홍보는 집의 가치를 세상에 알리는 과정이며, 지속적 관리는 집이 오래도록 가치를 유지하게 만든다.

많은 사람들이 이 3단계에서 멈추거나 실패한다. 주춧돌과 기둥이 튼튼하지 않은 상태에서 집짓기를 서두르다 보니, 집이 완성되기도 전에 금이 가거나 무너져버린다. 반대로 주춧돌이 단단하고 기둥이 잘 세워진 사람은, 이 단계에서 놀라운 속도로 성장한다. 왜냐하면 그들은 이미 방향과 기반이 명확하기 때문에, 실행에만 집중할 수 있기 때문이다.

이 장에서는 여섯 가지 요소를 하나씩 살펴보며, 어떻게 하면 성과를 내면서도 오래 지속되는 '인생의 집'을 지을 수 있는지를 구체적으로 다룰 것이다. 그 과정에서 당신은 단순한 목표 달성자가 아니라, 진정한 의미의 '건축가'가 될 것이다.

차별적 지식: 나만의 경쟁력

집을 짓는 데 설계도가 필요하듯, 인생의 집을 짓는 데도 설계도가 필요하다. 그 설계도를 완성하는 핵심 자산이 바로 차별적 지식이다. 이것은 단순히 많은 정보를 아는 것을 의미하지 않는다. 차별적 지식은 누구나 쉽게 따라 할 수 없는 깊이 있는 이해와 통찰, 그리고 개인의 경험과 관점에서 비롯된 고유한 지식 구조를 뜻한다.

정보가 넘쳐나는 시대에, 단순한 지식은 금세 평준화된다. 검색 몇 번이면 대부분의 정보는 누구나 얻을 수 있다. 하지만 차별적 지식은 경험과 실전에서 비롯된 맥락 지식이며, 쉽게 흉내 낼 수 없는 진짜 경쟁력이 된다. 바로 이 점에서 차별적 지식은 인생이라는 집의 '설계도이자 기반 자산'이다.

나 역시 처음에는 '더 많이 아는 것'이 중요하다고 생각했다. 하지만 시간이 지날수록 깨달았다. 지식의 양보다 중요한 것은 그 지식을 어떻게 연결하고, 어떻게 현실에 적용하느냐였다. 같은 경영학 지식을 가지고 있어도, 실제로 문제를 겪고 해결한 경험과 결합하건 전혀 다른 실전 경쟁력이 된다. 차별적 지식은 학문·경험·관찰이 한데 어우러져 탄생하는 복합 자산이다.

차별적 지식을 갖추는 데 필요한 세 가지 접근은 다음과 같다.
1. 한 분야를 깊이 파고들기 — 자신이 관심 있는 분야를 반복적으로 탐구하고 구조화한다.
2. 다른 영역과 연결하기 — 서로 다른 분야의 지식과 아이디어를 엮어 새로운 시각과 해석을 만든다.
3. 현장에서 끊임없이 적용하기 — 배운 것을 현실 문제에 적용하며 끊임없이 검증하고 정제한다.

차별적 지식은 단기적인 속도가 아닌, 장기적이고 지속가능한 성장의 핵심 경쟁력이다. 누구나 쌓을 수는 있지만, 아무나 쌓을 수 없는 바로 그 지점에 당신만의 브랜드가 형성된다. 인생을 설계하고 싶은가? 그렇다면 먼저, 당신만의 차별적 지식을 설계하라.

치밀한 계획: 두 가지 시계로 계획하라

차별적 지식이라는 설계도가 준비되었다면, 이제는 그 설계도를 바탕으로 구체적인 공정표를 짜야 한다. 이 과정이 바로 치밀한 계획 단계다. 계획이 허술하면 좋은 아이디어와 역량도 제대로 발휘되지 못한다. 반대로 계획이 명확하면, 변화와 변수가 많은 상황에서도 흔들리지 않고 앞으로 나아갈 수 있다.

치밀한 계획의 핵심은 두 가지 시계를 동시에 갖는 것이다. 하나는 장기 시계다. 장기 시계는 3년, 5년, 10년 뒤 내가 어떤 모습이 되어 있어야 하는지를 보여준다. 이 시계는 방향과 큰 흐름을 잃지 않게 한다. 다른 하나는 단기 시계다. 단기 시계는 오늘, 이번 주, 이번 달에 무엇을 해야 하는지를 보여준다. 이 시계는 당장 실행력을 만들어내고, 작지만 지속적인 성과를 쌓게 한다.

나는 한때 장기 계획에만 몰두했다. '언젠가'라는 막연한 시간표 속에서 큰 그림만 그리고 있었지만, 매일 무엇을 해야 할지는 불분명했다. 반대로 단기 목표에만 집중했던 시기도 있었다. 그때는 매일 바쁘게 움직였지만,

나중에 보니 전체 방향과 맞지 않는 일도 많았다. 그 경험을 통해 깨달았다. 장기와 단기를 함께 설계해야 한다는 것을. 장기 계획이 나침반이라면, 단기 계획은 발걸음이다. 둘 중 하나라도 없으면 원하는 목적지에 도달하기 어렵다.

치밀한 계획을 세우기 위해서는 다음과 같은 원칙이 필요하다.

1. 장기 목표를 먼저 설정하라 — 3~5년 뒤의 이상적인 모습을 명확히 그린다.

2. 단기 목표로 쪼개라 — 장기 목표를 달성하기 위해 이번 달, 이번 주, 오늘 해야 할 일을 구체적으로 나눈다.

3. 주기적으로 점검하라 — 계획이 여전히 유효한지, 환경 변화에 맞게 조정할 부분은 없는지 점검한다.

계획은 한 번 세우고 끝나는 것이 아니라, 실행과 점검, 조정을 반복하며 진화하는 살아 있는 지도다. 두 가지 시계를 동시에 맞추는 습관이야말로, 장기적인 성과와 지속적인 성장을 모두 가능하게 만든다.

과감한 실행: 미루지 않고, 바로 시작하는 힘

아무리 차별적 지식이 있고, 치밀한 계획이 세워져 있어도, 실행하지 않으면 모든 것은 머릿속에서 끝난다. 실행은 아이디어와 계획을 현실로 옮기는 순간이며, 그 자체가 경쟁력이다. 실행이 느린 사람은 기회를 눈앞에서 놓치고, 실행이 빠른 사람은 준비가 완벽하지 않아도 시장에서 먼저 경험을 쌓고 학습한다.

많은 사람들이 실행을 미루는 이유는 '아직 준비가 덜 됐다'는 생각 때문이다. 나도 과거에 완벽한 조건이 갖춰질 때까지 기다린 적이 많았다. 그러나 실제로는 완벽한 순간은 오지 않는다. 오히려 움직이는 과정에서 부족한 부분이 채워지고, 계획에서 미처 보지 못한 변수와 기회가 드러난다. 실행은 준비의 끝이 아니라, 준비의 연장선이다.

과감한 실행을 위해서는 두 가지 마음가짐이 필요하다.
1. 작게 시작하되 빠르게 반복하라 — 첫걸음을 크게 만들려고 하면 부담 때문에 멈춰 선다. 대신 작은 단위로 시작해 빠르게 시도하고, 그 결과를 바탕으로 개선한다.
2. 실패를 데이터로 받아들여라 — 실패는 손실이 아니라 학습의 기회다. 실패 경험이 쌓일수록 실행력과 판단력이 함께 성장한다.

내가 경험한 바로는, 실행이 빠른 사람은 단기간에 결과를 만들어내고, 장기적으로는 학습 속도까지 빨라진다. 반대로 실행을 미루는 사람은 준비 과정에서 이미 기회를 잃고, 결국 그 기회를 실행한 사람의 결과를 부러워하게 된다.

과감한 실행은 단순히 '무턱대고 하는 것'이 아니다. 사명과 비전, 신조, 전략 위에서 방향성을 잡고, 계획을 기반으로 움직이는 것이다. 그때 실행은 무모함이 아니라, 속도를 경쟁력으로 한 전략이 된다.

탁월한 성과: 결과로 증명한다

실행의 가치는 결국 결과로 평가된다. 아무리 과정이 치열하고 노력했더라도, 그것이 성과로 이어지지 않으면 설득력이 떨어진다. 사람과 시장은 의외로 단순하다. "말이 아니라 결과로 보여줘라." 이것이 모든 신뢰와 영향력의 출발점이다.

성과는 단순히 숫자의 크기만으로 정의되지 않는다. 중요한 것은 목표와 약속에 부합하는 결과를 만들어내는 것이다. 약속한 시점에, 약속한 품질과 가치로 결과를 내놓는 것. 그 과정에서 신뢰가 쌓이고, 그 신뢰는 다음 기회를 만든다. 나 역시 사업 초기에 수많은 제안과 계획을 세웠지만, 정작 결과를 내지 못했던 시기가 있었다. 그때는 아무리 좋은 아이디어를 말해도 상대방의 반응이 미지근했다. 하지만 작은 것이라도 확실히 결과를 내기 시작하자, 주변의 시선이 바뀌었다.

탁월한 성과를 만들기 위해서는 세 가지가 필요하다.

1. **집중** — 한 번에 너무 많은 일을 벌이지 말고, 반드시 성과를 내야 하는 핵심 목표에 에너지를 집중한다.

2. **기준치 상향** — 최소한의 목표를 넘어서, 기대 이상의 결과를 내는 것을 목표로 한다.

3. **피드백 반영** — 결과를 내고 끝내는 것이 아니라, 피드백을 받아 다음

성과에 반영한다.

탁월한 성과는 단기적으로 신뢰를 만들고, 장기적으로 브랜드를 구축한다. 결과는 말보다 빠르고 강력하게 사람들의 마음을 움직인다. 결국 인생과 비즈니스에서 신뢰를 얻고 영향력을 키우는 가장 확실한 방법은, 결과로 증명하는 것이다.

효율적 홍보: 존재를 알리는 전략

아무리 뛰어난 성과를 내더라도, 세상이 그것을 모르면 영향력은 제한적이다. 성과는 알릴 때 비로소 힘을 갖는다. 홍보는 자랑이 아니라, 내가 가진 가치와 성과를 필요한 사람들에게 정확히 전달하는 과정이다. 이를 제대로 하지 않으면, 기회는 다른 사람에게 흘러가고, 나는 제자리에 머물게 된다.

효율적인 홍보의 핵심은 '모든 사람에게 알리기'가 아니라, 정확한 대상에게 정확한 메시지로 알리기다. 잘못된 대상에게 아무리 많이 노출돼도 의미가 없고, 오히려 시간과 자원을 낭비하게 된다. 나 역시 초기에 SNS, 블로그, 광고 등 무작정 노출을 늘리는 방식으로 홍보를 했다. 하지만 반응은 미미했고, 심지어 준비과정은 내 시간을 갉아먹었다. 이후 대상과 메시지를 명확히 정의하고 나니, 훨씬 적은 노력으로 더 큰 효과를 얻을 수 있었다.

효율적인 홍보를 위한 세 가지 전략은 다음과 같다.

1. 대상 명확화 — 내 성과와 가치를 가장 필요로 하는 사람은 누구인가?

2. 메시지 정제 — 내가 전하고 싶은 것이 아니라, 상대가 듣고 싶은 내용을 중심으로 메시지를 만든다.

3. 채널 최적화 — 상대가 주로 시간을 보내는 플랫폼과 매체를 활용한다.

홍보는 과장이나 허세가 아니라, 가치를 널리 전하는 일종의 서비스다. 내가 만든 성과와 가치를 모르는 사람에게 알리는 것은 그 사람에게도 새로운 선택지를 주는 일이다. 효율적인 홍보는 단순히 나를 알리는 것을 넘어, 나의 브랜드를 세상 속에 자리 잡게 한다.

지속적 관리: 성장을 유지하는 방법

집을 짓는 것보다 더 어려운 일은, 그 집을 오랫동안 좋은 상태로 유지하는 것이다. 인생의 집도 마찬가지다. 한 번 성과를 냈다고 해서, 그 성과가 영원히 유지되지는 않는다. 관리가 멈추는 순간, 성장도 멈추고, 가치는 서서히 하락한다. 성장의 진짜 비밀은 지속성에 있다.

많은 사람들이 목표를 달성한 직후 관리의 중요성을 잊는다. 처음에는 불타오르던 동기와 실행력이 성과 후에 느슨해지고, 결국 기존 성과를 유지하기도 힘들어지는 경우가 많다. 하지만 진짜 성장하는 사람들은 성과를 낸 이후에 오히려 더 철저하게 관리한다. 그들은 '지금의 상태'를 지키는 것만이 아니라, 조금씩 개선하고 발전시키는 것을 멈추지 않는다.

지속적 관리를 위해서는 세 가지 습관이 필요하다.

1. 정기 점검 — 내 전략, 습관, 성과가 여전히 목표와 맞는지 주기적으로 확인한다.

2. 미세 조정 — 한 번에 큰 변화를 주기보다, 작은 개선을 반복해 누적 효과를 만든다.

3. 재투자 — 현재의 성과와 자원을 다시 성장의 원동력으로 돌린다.

나는 사업과 개인 브랜드 모두에서 이 원칙을 적용했다. 성과를 낸 뒤에는 잠깐 쉬고 싶은 마음이 들지만, 그 시기에 관리와 개선을 게을리하면 성장은 금방 멈춘다. 반대로, 성과 직후부터 관리와 보강을 시작하면 다음 도약이 훨씬 수월해진다.

지속적 관리는 화려하지 않지만, 장기적인 슈퍼성장을 가능하게 하는 보이지 않는 엔진이다. 인생의 집을 명품으로 유지하려면, 완성 이후에도 손질과 점검을 멈추지 말아야 한다. 그 꾸준함이 결국 세월이 지나도 변치 않는 가치와 신뢰를 만들어낸다.

지속가능한
삶의 완성

"사랑이 없는 성공은 공허하며, 결국 진정한 가치를 잃는다."

- 레프 톨스토이 (Leo Tolstoy)

주춧돌이 방향을 잡아주고, 기둥이 기반을 세우며, 집을 짓는 단계에서 성과와 브랜드를 만들었다면, 이제는 그 집의 지붕과 외부를 완성하는 단계로 나아갈 차례다. 이 단계는 단기적인 목표 달성이나 성과 창출을 넘어, 삶이 장기적으로 지속가능한 구조를 갖추도록 만드는 과정이다.

슈퍼자기경영 4단계의 핵심은 두 가지다. 사랑과 가치 실현. 사랑은 나 자신과 주변 사람들, 그리고 내가 속한 공동체를 향한 배려와 헌신이다. 가치 실현은 내가 세운 사명과 비전을 세상 속에서 구현하며, 나만의 방식으로 기여하는 것이다. 이 두 가지가 함께 작동할 때, 삶은 단절이 아니라 순환을 이룬다.

많은 사람들이 성과를 거둔 뒤 '여기까지면 됐다'고 멈춘다. 하지만 멈추는 순간 성장의 리듬은 끊기고, 시간이 지날수록 집은 낡아간다. 반대로 사랑과 가치를 실현하는 사람은, 그 과정에서 새로운 의미와 동기를 얻게 된다. 그들은 성과를 나누며 더 큰 관계망을 만들고, 나눔 속에서 다시 성장의 씨앗을 발견한다.

이 단계는 화려하지 않지만, 가장 깊은 만족을 준다. 성과와 브랜드가 나를 중심에 두었다면, 사랑과 가치 실현은 나를 넘어 타인과 세상으로 시선을 확장하게 만든다. 그리고 이 확장은 단순한 선행이 아니라, 나의 삶과 비즈니스 모두에 장기적인 안정과 신뢰를 더해준다.

이 장에서는 사랑과 가치라는 두 축이 어떻게 삶을 순환시키는지, 그리고 그것이 왜 슈퍼성장의 마지막 퍼즐인지 다룰 것이다. 이 과정을 통해 인생의 집은 단단한 구조물에서, 시간이 지날수록 더 아름다워지는 명품 건축물로 완성된다.

사랑: 나와 타인을 돌보는 에너지

사랑은 슈퍼자기경영 4단계의 출발점이자, 지속가능한 성장을 가능하게 하는 가장 깊은 원동력이다. 여기서 말하는 사랑은 단순한 감정이나 관계에 국한되지 않는다. 사랑은 나 자신을 돌보고, 타인을 배려하며, 내가 속한 공동체와 환경까지 보살피는 능동적인 에너지다.

많은 사람들이 '자기 자신을 돌보는 일'을 이기적으로 느낀다. 그러나 자기 돌봄이 없는 사랑은 오래가지 못한다. 건강과 에너지가 고갈된 상태에서는 진심으로 타인을 돌볼 수 없고, 결국 관계마저 소모전이 된다. 나를 챙기는 것은 나만을 위한 것이 아니라, 나를 통해 타인을 더 잘 돌보기 위한 준비다.

타인을 향한 사랑은 단순히 '좋은 사람'이 되는 것을 넘어서, 상대의 성장과 행복을 돕는 것이다. 때로는 따뜻한 격려로, 때로는 필요한 조언과 피드백으로, 때로는 함께 시간을 보내는 방식으로 이루어진다. 중요한 것은 사랑이 말뿐이 아니라 행동으로 드러나야 한다는 것이다.

사랑은 또한 관계를 장기적으로 유지시키는 접착제다. 성과와 이익만으로 맺어진 관계는 상황이 바뀌면 쉽게 깨진다. 그러나 사랑과 진심으로 맺어진 관계는 위기 속에서도 버티고, 오히려 더 단단해진다. 나 역시 사업과 인생에서 위기를 겪을 때, 결국 남아 있던 것은 사랑으로 연결된 사람들과의 관계였다.

사랑은 에너지를 소모하는 것 같지만, 사실은 가장 강력한 재충전 방식이다. 내가 사랑을 줄수록, 그것이 다른 방식으로 돌아와 나를 채운다. 그리고 그 에너지가 다시 나와 주변을 성장시키는 선순환을 만든다.

가치: 사명을 통한 선순환

가치는 내가 세운 사명과 비전을 세상 속에서 구현하는 구체적인 방식이다. 단순히 돈을 벌거나 개인적인 성취를 이루는 것을 넘어, 내가 하는 일이 세상에 어떤 긍정적인 변화를 만드는지를 묻는 질문이다. 이 가치가 분명할 때, 삶과 비즈니스는 단순한 목표 달성을 넘어 '의미 있는 여정'이 된다.

가치를 실현한다는 것은 거창한 사회운동을 해야 한다는 뜻이 아니다. 내가 속한 환경과 관계 속에서, 내가 가진 자원과 역량을 활용해 긍정적인 변화를 만드는 것이다. 한 명의 삶을 변화시키는 책 한 권을 쓰는 것, 직원 한 명이 더 성장할 수 있도록 돕는 것, 고객의 불편을 줄이는 제품을 만드는 것—이 모든 것이 가치 실현이다.

가치가 선순환을 만드는 이유는 명확하다. 내가 준 가치가 신뢰와 존중으로 돌아오고, 그것이 다시 새로운 기회와 관계, 성과를 만들어내기 때문이다. 단기적인 이익만을 좇으면 일시적인 성과는 얻을 수 있지만, 장기적으로는 신뢰가 소멸한다. 반대로 가치 중심의 선택을 하면, 시간이 지날수록 그 가치가 복리처럼 쌓여 더 큰 성과를 만든다.

나는 사업 실패와 재기를 거치면서, '가치 없는 성장'이 얼마나 허무한지를 뼈저리게 느꼈다. 아무리 빠른 속도로 성장해도, 그 성장이 다른 사람과 세상에 긍정적인 흔적을 남기지 못하면 오래 지속되지 않는다. 그래서 지금은 모든 중요한 결정 앞에서 묻는다. "이 선택은 내 사명과 가치에 부합하는가?"

　가치는 나를 지탱하는 철학이자, 다른 사람을 나와 연결하는 다리다. 그리고 이 가치가 사랑과 결합될 때, 삶과 비즈니스는 끊임없이 순환하며 발전하는 구조가 된다. 이것이 슈퍼자기경영 4단계, 지속가능한 삶의 완성이다.

BE THE
SUPER
ICON

제 3 부

슈퍼사업경영

|

: 사업을 명작처럼 지어라

비즈니스를 완성하는 사업경영 모델

[슈퍼사업경영 1단계] 방향과 기준을 세우는 사업의 주춧돌

[슈퍼사업경영 2단계] 사업을 탄탄히 떠받치는 핵심 기둥

[슈퍼사업경영 3단계] 성과와 지속 성장을 만드는 6가지 전략

[슈퍼사업경영 4단계] 지속가능한 경영의 완성

"차별화하거나 사라져라."

- 잭 트라우트 (Jack Trout)

BE THE
SUPER
ICON

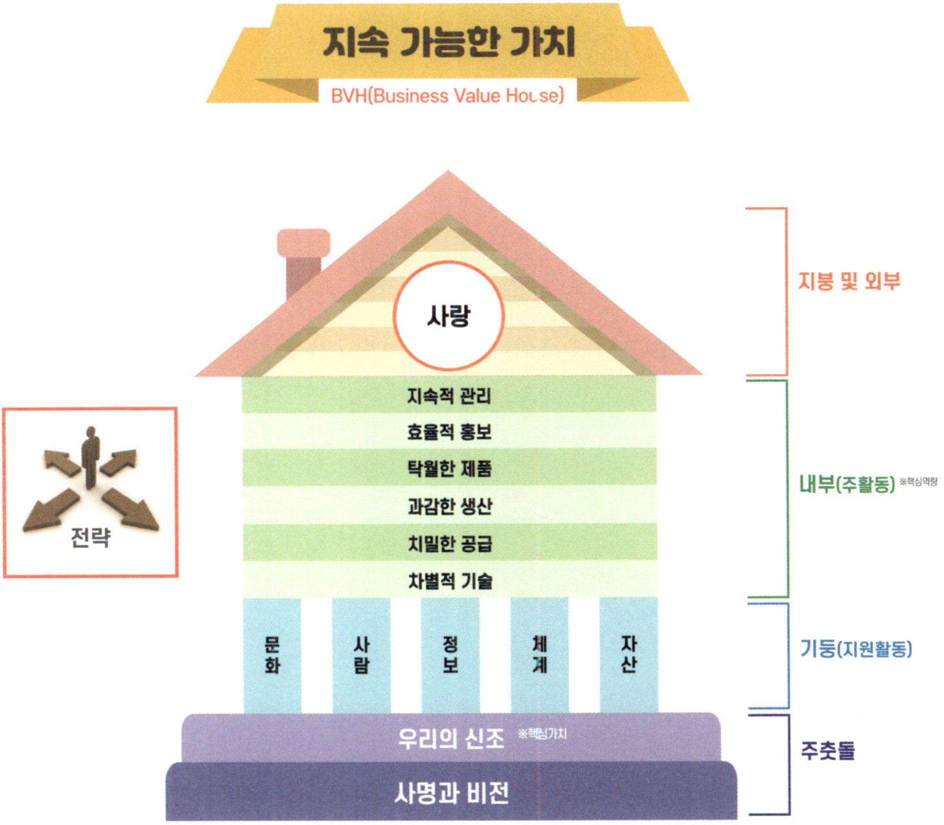

지속 가능한 가치

BVH(Business Value House)

사랑

지붕 및 외부

지속적 관리

효율적 홍보

탁월한 제품

과감한 생산

치밀한 공급

차별적 기술

내부(주활동) ※핵심역량

전략

| 문화 | 사람 | 정보 | 체계 | 자산 |

기둥(지원활동)

우리의 신조 ※핵심가치

주춧돌

사명과 비전

<슈퍼사업경영(Business Value House, BVH)>

비즈니스는 단순히 상품을 팔고 수익을 남기는 일이 아니다. 하나의 기업은 창업자의 철학과 전략, 실행력과 감각이 오롯이 투영된 건축물이다. 매일의 선택, 팀과 고객을 대하는 방식, 작게는 이메일 한 줄, 크게는 투자 유치의 결정까지. 모든 의사결정이 쌓여 지금의 회사를 만들고, 미래의 명작을 완성해간다.

이 부에서 소개할 슈퍼사업경영(Business Value House, BVH)는 비즈니스를 하나의 명작 건축물처럼 설계하고 완성해 나가기 위한 사업경영 모델이다. 이는 단순한 경영 기법이 아니라, MBA 이론과 실무 경험을 바탕으로 전략 · 조직 · 재무 · 마케팅 · 운영 · 브랜딩의 핵심 원리를 통합한 '슈퍼사업경영' 프레임이다. 말 그대로, 나만의 비즈니스를 전략적으로 경영하고 지속가능한 명작으로 키워가는 설계도다.

슈퍼사업경영은 총 4단계로 구성된다. 1단계는 사업의 사명과 비전, 기업의 신조와 전략을 세우는 주춧돌(Cornerstone) 단계이며, 2단계는 문화, 사람, 정보, 체계, 자산이라는 기둥(Pillars)을 세운다. 3단계는 실제 제품 생산과 공급, 마케팅과 홍보를 실행하는 집짓기(Interior) 과정이고, 4단계는 사업을 유지하고 확장하는 지붕 및 외부(Roof & Exterior)가 완성된다. 이처럼 슈퍼사업경영은 '비즈니스'라는 집을 짓기 위한 구조적이고 실전적인 프레임이며, 한 기업의 철학과 생존, 성장과 확장의 모든 과정을 아우른다.

이제 우리는, 비즈니스라는 건축물을 어떻게 설계하고 완성해야 하는지, 그 모든 흐름과 원리를 단계별로 함께 따라가려 한다. 사업이라는 여정을 단순한 생존이 아니라 예술과 전략의 결정체로 완성하기 위한 진짜 경영이, 지금부터 시작된다.

방향과 기준을 세우는
사업의 주춧돌

"기업은 이익보다 존재 이유를 먼저 정의해야 한다."

- 사이먼 사이넥 (Simon Sinek)

비즈니스를 시작할 때 우리는 제품 개발, 마케팅, 자금 확보 같은 눈에 보이는 일에 집중한다. 하지만 시간이 지나면 깨닫게 된다. 이 모든 것을 떠받치는 보이지 않는 기초가 없으면, 사업은 작은 충격에도 흔들린다는 것을. 마치 기초 없이 세운 건물이 조금의 진동에도 금이 가는 것처럼, 사명과 방향이 없는 사업은 외부 환경의 변화에 쉽게 무너진다.

앞선 부에서 우리는 인생을 명품 건축물처럼 짓는 슈퍼자기경영 이론을 살펴봤다. 이번에는 그 원리를 비즈니스에 적용한 슈퍼사업경영(Business Value House, BVH)의 첫 단계로 들어간다. 그 시작점이 바로 사업의 주춧돌(Cornerstone)이다.

사업의 주춧돌은 네 가지 요소로 구성된다. 사명과 비전, 기업의 신조, 전략이 그것이다. 사명과 비전은 우리가 왜 이 사업을 하는지, 어떤 미래를 만들고 싶은지를 정의한다. 기업의 신조는 어떤 상황에서도 지켜야 할 가치와 원칙을 정하며, 전략은 이 모든 것을 바탕으로 환경 변화에 대응하며 길을 열어가는 행동 원칙이다.

이 장에서는 먼저 '왜 이 사업을 하는가'라는 질문에서 출발해 사명과 비전을 명확히 하고, 기업의 신조를 세운 뒤, 시장 변화 속에서도 흔들리지 않는 전략을 만드는 과정을 살펴본다. 주춧돌이 단단하게 놓이면, 그 위에 세울 기둥과 집, 즉 사업은 오랜 시간 동안 가치를 유지하며 성장할 수 있다. 이제 우리는 그 첫 기초를 함께 세우는 일을 시작한다.

사명과 비전: 왜 이 사업을 하는가

사업을 시작하는 이유는 사람마다 다르다. 돈을 벌기 위해서, 자신만의 브랜드를 만들기 위해서, 세상의 불편함을 해결하기 위해서 등 동기는 다양하다. 하지만 시간이 지나면 단순한 동기만으로는 회사를 지탱할 수 없다는 것을 깨닫게 된다. 시장의 경쟁이 심화되고, 예기치 못한 위기가 찾아올 때, 나를 비롯한 구성원 모두가 붙잡을 수 있는 명확한 이유와 방향이 필요하다. 그 이유와 방향이 바로 사명과 비전이다.

사명(Mission)은 현재의 존재 이유를 말한다. "우리는 왜 이 사업을 하는가?"라는 질문에 대한 답이다. 사명은 단순히 상품을 만드는 것이 아니라,

그 상품이나 서비스가 고객과 사회에 어떤 가치를 제공하는지까지 포함해야 한다. 사명이 분명하면, 단기적인 성과에 휘둘리지 않고 일관성을 유지할 수 있다.

비전(Vision)은 미래의 목적지다. "우리는 어떤 모습이 되고 싶은가?", "이 사업이 5년, 10년 뒤 어떤 변화를 만들어내길 원하는가?"를 정의한다. 비전은 현재의 사명을 기반으로, 더 크고 장기적인 그림을 제시한다. 좋은 비전은 조직 구성원들에게 동기를 부여하고, 파트너와 고객이 함께하고 싶게 만든다.

나는 과거에 사명 없이 비전만 세운 적이 있었다. 그때는 멋지고 거창한 문구가 있었지만, 지금 무엇을 해야 하는지에 대한 기준이 없어서 매번 우왕좌왕했다. 반대로 사명만 있고 비전이 없을 때는 현재는 안정적이었지만, 장기적으로는 확장과 성장이 막혔다. 결국 사명과 비전은 함께 세워져야 한다. 사명이 현재를 붙잡아 주고, 비전이 미래로 이끌어 주기 때문이다.

사명과 비전을 세울 때 기억해야 할 세 가지 원칙이 있다.
1. 구체성 — 누구나 이해할 수 있도록 명확하게 표현할 것.
2. 진정성 — 단순히 외부를 설득하기 위한 문구가 아니라, 창업자와 조직이 진심으로 믿는 내용일 것.
3. 지속성 — 유행과 트렌드가 바뀌어도 유지될 수 있는 본질일 것.

사명과 비전은 단순한 선언문이 아니다. 조직의 모든 결정과 행동의 기준이자, 위기 속에서 방향을 잃지 않게 하는 나침반이다. 이것이 명확하게 자리 잡혀 있을 때, 사업의 다음 단계로 나아갈 수 있다.

기업의 신조: 조직을 움직이는 중심 가치

사명과 비전이 사업의 방향과 목적지를 정한다면, 기업의 신조(Our Credo)는 그 여정을 걸어가는 방식과 태도를 결정한다. 신조는 조직의 성격을 규정하고, 모든 구성원이 공유하는 행동의 기준이 된다.

신조가 없는 조직은 목표 달성을 위해 수단과 방법을 가리지 않게 된다. 단기적인 이익을 위해 약속을 어기거나, 내부 구성원을 소모시키고, 고객 신뢰를 훼손하는 선택을 쉽게 한다. 반대로 신조가 뚜렷한 기업은 상황이 어려워도 본질적인 원칙을 지키며, 그로 인해 장기적으로 더 큰 신뢰와 지지를 얻게 된다.

내가 경험한 많은 기업 사례에서, 위기를 극복한 조직은 공통적으로 신조가 단단했다. 매출이 줄고 시장 상황이 악화돼도, "우리는 이런 방식으로만 사업한다"는 원칙을 지켰다. 그 원칙은 단기적으로는 손해를 끼칠 수 있지만, 결국 고객과 파트너에게 깊은 신뢰를 남겼다. 이 신뢰가 위기를 넘어설 수 있는 숨은 자산이 되었다.

기업의 신조를 세울 때 고려해야 할 세 가지 질문이 있다.

1. 우리가 어떤 가치를 절대 포기하지 않을 것인가?

2. 어떤 방식으로 고객·파트너·구성원과 관계를 맺을 것인가?

3. 이 신조가 10년 뒤에도 여전히 유효할 것인가?

신조는 단순한 '좋은 말'의 나열이 아니다. 실제 행동과 의사결정에 반영돼야 한다. 예를 들어, "고객 중심"이라는 신조를 가진 기업이라면, 제품 개발이나 서비스 개선에서 언제나 고객의 경험과 만족을 최우선으로 고려해야 한다.

기업의 신조는 조직 문화의 뿌리이자, 경영철학의 핵심이다. 한번 뿌리내린 신조는 구성원의 행동에 스며들고, 결국 외부에서 보이는 브랜드 이미지로까지 확장된다. 사명과 비전이 나침반이라면, 신조는 그 나침반을 따라 나아갈 때 지켜야 할 길의 규칙이다.

전략: 환경 변화에 선제적으로 대응하기

사명과 비전이 방향을, 신조가 길 위의 원칙을 세운다면, 전략(Strategy)은 그 길을 어떤 방식으로, 어떤 순서로, 어떤 속도로 걸어갈지를 결정하는 실행 설계도다. 특히 변화가 빠른 시장과 불확실성이 높은 시대에는 전략이 단순한 계획표가 아니라, 환경 변화에 선제적으로 대응하는 살아 있는 시스템이어야 한다.

많은 기업이 실패하는 이유 중 하나는, 한번 세운 전략을 오랫동안 바꾸지 않는 데 있다. 과거에는 유효했던 전략이 지금은 오히려 발목을 잡는 경우도 많다. 시장의 흐름, 기술의 발전, 소비자의 기대치가 매일 변하는데, 과거의 성공 방식을 고집하면 결국 뒤처진다. 반대로, 전략을 수시로 점검하고 필요할 때 과감히 조정하는 기업은 변화 속에서도 기회를 포착한다.

전략을 세울 때 중요한 세 가지 원칙이 있다.

1. 환경 분석 — 시장, 경쟁사, 기술, 고객 변화를 지속적으로 관찰하고 데이터로 분석한다.

2. 선제적 대응 — 변화가 명확해지기 전에 미리 움직인다. 준비된 변화는 위기를 기회로 바꾼다.

3. 유연한 실행 — 전략은 큰 틀에서 일관성을 유지하되, 세부 실행은 상황에 맞춰 빠르게 수정한다.

나는 여러 프로젝트를 진행하며 배웠다. 전략은 예측이 아니라 선택과 집중이라는 것을. 모든 변화를 예측할 수는 없지만, 어떤 방향으로 집중하고, 무엇을 포기할지 명확히 하는 것이 전략의 본질이다.

슈퍼사업경영 1단계의 전략은 사명·비전·신조와 분리된 것이 아니다. 오히려 그것들을 현실의 환경 속에서 살아 움직이게 만드는 도구다. 전략이 명확하고 유연하게 작동하면, 비즈니스는 단순히 생존을 넘어서, 변화의 흐름을 타고 성장을 이어갈 수 있다.

사업을 탄탄히
떠받치는 핵심 기둥

"문화는 전략을 아침 식사로 먹는다."

- 피터 드러커 (Peter Drucker)

비즈니스를 시작할 때 우리는 눈앞의 매출, 제품 완성, 마케팅 캠페인, 자금 조달과 같은 가시적인 일들에 집중한다. 하지만 시간이 지나면 깨닫게 된다. 이 모든 성과를 오래 유지하게 만드는 것은 보이지 않는 내부 구조라는 것을. 마치 화려한 외관의 건물이 있어도 기둥이 약하면 조금의 하중이나 진동에도 쉽게 무너지는 것처럼, 핵심 자원이 부족한 사업은 환경 변화와 위기에 취약하다.

앞선 장에서 우리는 사업의 주춧돌을 세우며 사명과 비전, 기업의 신조, 전략이라는 기초를 마련했다. 이제는 그 기초 위에 비즈니스를 안정적으로 떠받칠 5개의 기둥을 세워야 한다. 슈퍼사업경영 2단계는 바로 이 기둥들을 구축하고 강화하는 과정이다.

사업의 기둥은 다섯 가지 요소로 구성된다. 문화, 사람, 정보, 체계, 자산이 그것이다. 문화는 조직의 정신과 행동 방식을 정립하고, 사람은 사업의 비전을 현실로 만드는 주체가 된다. 정보는 정확하고 빠른 의사결정을 가능하게 하며, 체계는 혼란을 줄이고 효율을 높인다. 마지막으로 자산은 사업의 지속가능성을 보장하는 재무 기반이다.

이 장에서는 각 기둥이 어떤 역할을 하며, 그것을 어떻게 설계하고 유지할 수 있는지를 살펴본다. 기둥이 튼튼하게 세워져야 그 위에 얹히는 모든 구조—제품, 브랜드, 시장 확장—가 오래도록 안정적으로 버틸 수 있다. 이제 우리는 사업의 내구성과 지속성을 결정짓는 5개의 기둥을 함께 세우는 작업을 시작한다.

문화: 조직의 정신을 만들다

조직의 문화는 눈에 보이지 않지만, 모든 구성원의 행동과 결정에 깊이 스며 있는 보이지 않는 힘이다. 같은 전략과 자원을 가진 회사라도, 문화가 다르면 결과는 완전히 달라진다. 문화는 단순한 분위기나 사내 복지 수준을 의미하는 것이 아니라, 조직이 문제를 바라보고 해결하는 방식, 구성원들이 일에 임하는 태도, 변화에 대응하는 습관까지 포함한다.

좋은 문화는 위기 속에서도 조직을 단단하게 묶는다. 구성원들은 어려운 상황에서도 서로를 신뢰하고, 문제를 함께 해결하려는 태도를 잃지 않는다. 반대로 문화가 취약한 조직은 위기 시에 쉽게 내부 갈등이 커지고, 불신이 쌓이며, 우수한 인재가 이탈한다.

문화는 하루아침에 만들어지지 않는다. 창업자의 철학과 리더십 스타일, 초기 멤버들의 행동 방식, 회사가 중요하게 여기는 가치들이 오랜 시간 쌓이며 형성된다. 그렇기 때문에 조직의 문화는 의도적으로 설계하고 꾸준히 관리해야 한다. 그렇지 않으면, 문화는 우연과 환경에 의해 형성되고, 그 결과가 바람직하지 않을 수 있다.

조직 문화를 세울 때는 세 가지 원칙을 기억해야 한다.

1. **가치 중심** — 문화는 회사가 지향하는 가치를 중심으로 설계돼야 한다.

2. **행동 반영** — 선언문에 그치지 않고, 실제 업무와 의사결정에 반영돼야 한다.

3. **지속적 관리** — 성장과 변화 과정에서 문화가 흐려지지 않도록 꾸준히 점검하고 보완해야 한다.

문화는 회사의 얼굴이자 뼈대다. 고객과 파트너는 제품이나 서비스를 통해 회사를 만나지만, 구성원들은 문화를 통해 회사를 경험한다. 강력하고 건강한 문화는 단순한 내부 결속을 넘어서, 외부에도 신뢰와 매력을 전달하는 강력한 핵심역량이 된다.

사람: 사람 중심의 조직을 만들다

아무리 뛰어난 전략과 자원을 갖추고 있어도, 그것을 실행하는 것은 결국 사람이다. 제품을 설계하는 것도, 고객을 만나 설득하는 것도, 문제를 해결하는 것도 모두 사람의 손에서 나온다. 그래서 사람은 단순한 '인력'이 아니라, 비즈니스의 생명선이다.

사람 중심의 조직을 만든다는 것은 단순히 인재를 많이 확보하는 것이 아니다. 적합한 사람을 적합한 자리에 배치하고, 그들이 최고의 역량을 발휘할 수 있는 환경을 제공하는 것이 핵심이다. 채용은 시작일 뿐이며, 진짜 중요한 것은 그 이후다. 교육, 성장 기회, 공정한 평가와 보상, 그리고 의미 있는 일에 몰입할 수 있는 환경이 갖춰져야 한다.

나는 여러 조직을 보며 배웠다. 유능한 개인이 모여도, 방향과 문화가 맞지 않으면 조직은 제힘을 발휘하지 못한다. 반대로 각자의 능력이 완벽하지 않아도, 문화와 가치가 잘 맞는 사람들이 모이면 놀라운 시너지가 발생한다. 사람을 뽑을 때는 '스펙'보다 가치관과 태도의 적합성을 우선으로 봐야 하는 이유다.

사람 중심의 조직을 위해서는 세 가지 원칙이 필요하다.

1. **적합한 채용** — 현재 필요한 역량뿐 아니라, 미래 성장 가능성과 가치관의 일치를 고려한다.

2. **지속적 성장** — 구성원들이 꾸준히 배우고 발전할 수 있는 환경을 제

나는 슈퍼아이콘이 되기로 했다

공한다.

3. 상호 신뢰 — 리더와 구성원, 구성원들 간의 신뢰가 바탕이 되어야 한다.

사람은 비용이 아니라 투자다. 적절한 사람을 모으고, 그들이 잠재력을 발휘할 수 있도록 돕는 것이야말로 가장 큰 수익을 가져다주는 경영 활동이다. 결국, 강한 조직은 강한 사람에서 시작된다.

정보: 데이터 기반 의사결정의 토대

비즈니스의 성공 여부는 얼마나 빠르고 정확하게 의사결정을 내릴 수 있는지에 달려 있다. 그리고 그 의사결정의 품질을 결정하는 것이 바로 정보다. 정보가 부정확하거나 오래되면, 결정도 왜곡되고 실행 결과도 기대와 어긋난다. 반대로 신뢰할 수 있는 정보와 데이터가 있다면, 불확실성이 큰 환경에서도 정확한 판단을 내릴 수 있다.

많은 기업이 직감과 경험에만 의존해 중요한 결정을 내린다. 물론 경험은 강력한 자산이지만, 그것만으로는 빠르게 변하는 시장을 따라가기 어렵다. 데이터 기반 의사결정은 경험과 직감을 보완하며, 시장 변화와 소비자 반응을 객관적으로 파악하게 해준다. 특히 경쟁이 치열한 환경에서는 정보가 곧 경쟁력이다.

정보의 가치는 수집 – 분석 – 활용이라는 세 단계를 거치며 극대화된다.

1. 수집 — 시장 동향, 경쟁사 전략, 고객 행동, 내부 운영 데이터 등을 지속적으로 모은다.

2. 분석 — 단순히 데이터 양을 늘리는 것이 아니라, 의미 있는 인사이트를 뽑아낸다.

3. 활용 — 분석 결과를 실제 전략과 실행 계획에 반영한다.

내가 경험한 많은 프로젝트에서, 정보의 부족이 실패의 가장 큰 원인이었다. 시장의 흐름을 잘못 읽거나, 고객의 진짜 요구를 파악하지 못해 방향을 잘못 잡는 경우가 많았다. 반대로 정확한 정보와 분석을 기반으로 한 프로젝트는 실행 속도와 성과가 눈에 띄게 높았다.

정보는 단순한 보고서나 데이터베이스가 아니다. 의사결정을 가능하게 하고, 실행의 방향을 잡아주는 나침반이다. 데이터 기반의 의사결정 문화가 자리 잡은 조직은 변화를 두려워하지 않고, 예측 불가능한 상황에서도 자신 있게 나아간다.

체계: 작지만 강한 시스템 만들기

사업이 성장할수록 복잡성은 기하급수적으로 늘어난다. 초기에는 몇 명이 자유롭게 의사소통하며 모든 일을 처리할 수 있지만, 인원이 늘고 업무가 다양해지면 혼란이 찾아온다. 이때 필요한 것이 바로 체계(System)다. 체계는 조직의 효율성을 높이고, 일관성을 유지하며, 불필요한 낭비를 줄이는 기반이다.

체계는 반드시 거대하고 복잡할 필요가 없다. 오히려 작은 조직일수록 작지만 강한 시스템이 효과적이다. 핵심은 '규모에 맞는 구조'를 만드는 것이다. 절차와 규칙이 과도하면 속도가 느려지고, 반대로 아무런 기준이 없으면 품질과 생산성이 떨어진다.

체계를 설계할 때는 세 가지 원칙이 중요하다.
1. **명확성** — 역할과 책임, 업무 흐름이 명확해야 한다.
2. **단순성** — 불필요한 절차를 줄이고, 필요한 핵심 프로세스만 유지한다.
3. **확장성** — 조직이 성장하더라도 쉽게 확장 · 변경할 수 있도록 유연하게 설계한다.

나는 현장에서 '좋은 체계'와 '나쁜 체계'를 모두 경험했다. 좋은 체계는 구성원이 스스로 일을 잘할 수 있도록 돕고, 문제 발생 시 신속하게 대응할 수 있는 구조를 제공한다. 반대로 나쁜 체계는 일을 돕기보다 방해하고, 변화에 적응하기 어렵게 만든다.

체계는 단순히 관리 편의를 위한 도구가 아니다. 전략을 실행 가능한 형태로 전환시키고, 사람과 정보가 원활하게 흐르게 만드는 혈관이다. 체계가 튼튼하면, 사업은 규모와 속도의 균형을 잡으며 안정적으로 성장할 수 있다.

자산: 건강한 수익 구조 설계하기

　사업의 지속가능성은 결국 자산(Assets)이 뒷받침해야 한다. 여기서 자산은 단순히 현금이나 부동산 같은 재무적 자산에 국한되지 않는다. 지속적으로 수익을 창출하고, 미래 성장을 가능하게 하는 모든 기반을 의미한다. 이는 재무 건전성뿐 아니라, 지식재산권, 브랜드 가치, 고객 관계, 기술 역량 등 무형의 자산까지 포함한다.

　건강한 자산 구조를 만들려면 우선 수익 모델이 안정적이어야 한다. 한두 개의 매출원에 지나치게 의존하면, 그 채널에 문제가 생겼을 때 사업 전체가 흔들린다. 반대로 다각화된 수익원과 장기 계약, 반복 구매를 유도하는 구조를 갖추면, 외부 환경 변화에도 흔들리지 않는 버팀목이 된다.

　나는 과거, 매출이 제대로 나지 않아 불안했던 시기가 있었다. 이유는 단순했다. 안정적인 수익 구조가 없었고, 브랜드나 기술처럼 시간이 지날수록 가치가 커지는 무형 자산도 부족했기 때문이다. 그 결과, 매달 자금을 마련하는 데 급급했고, 장기적인 성장을 위한 준비는 거의 하지 못했다. 그 경험 이후, 나는 재무 자산뿐 아니라 지식과 네트워크, 브랜드 신뢰도 같은 무형 자산을 꾸준히 쌓는 데 집중했다.

　자산을 설계할 때 중요한 세 가지 원칙이 있다.
　1. 안정성 — 변동성이 큰 시장에서도 일정 수준의 수익을 유지할 수 있는 구조.

2. 지속성 ─ 단기 이익보다 장기적인 가치 창출에 초점을 맞출 것.

3. 성장성 ─ 현재 자산이 미래의 더 큰 기회를 만들어낼 수 있어야 한다.

자산은 단순한 '결과물'이 아니라, 성장을 지속시키는 연료다. 건강한 자산 구조를 갖춘 기업은 불황에도 기회를 만들고, 호황에는 그 기회를 폭발적으로 확장한다. 5개의 기둥 중 마지막인 자산은, 사업이 세월의 시험을 견디며 오랫동안 가치를 유지하게 만드는 즐정적 요소다.

성과와 지속 성장을 만드는
6가지 전략

"브랜드는 당신이 없는 자리에서도 사람들에게 떠오르는 감정이다."

- 제프 베조스 (Jeff Bezos)

주춧돌이 사업의 방향과 목적을 잡아주고, 기둥이 비즈니스를 지탱할 기반을 세웠다면, 이제는 그 위에 브랜드와 성과라는 집을 짓는 단계로 들어간다. 이 단계는 사업이라는 설계도의 핵심이 외부에 가시적으로 드러나는 과정이다. 고객이 직접 경험하는 모습, 파트너와 시장이 인식하는 가치, 그리고 시간이 흐를수록 깊어지는 신뢰와 품격이 모두 이 단계에서 결정된다.

슈퍼사업경영에서 집을 짓는다는 것은 단순히 '매출을 만드는 것'을 의미하지 않는다. 여기서 말하는 집은 기업만의 차별적 역량과 정체성을 기반으로 세상과 소통하며 가치를 창출하는 구조물이다. 겉보기에 화려하기만한 브랜드와 일시적인 매출 성과는 오래가지 못한다. 대신, 주춧돌과 기둥 위에 튼튼하고 실용적이며, 동시에 기업만의 철학과 이야기가 살아 있는 구조를 세워야 한다.

이 단계는 여섯 가지 요소로 구성된다. 차별적 기술, 치밀한 공급, 과감한 생산, 탁월한 제품, 효율적 홍보, 지속적 관리. 차별적 기술은 경쟁사가 쉽게 모방할 수 없는 기업의 핵심역량을 간드는 단계이고, 치밀한 공급은 고객에게 전달되는 전 과정에서 품질과 경험을 설계하는 일이다. 과감한 생산은 품질과 속도의 균형을 잡아 실행하는 힘이고, 탁월한 제품은 고객에게 감동을 주는 완성도를 의미한다. 효율적 홍보는 브랜드의 진정성을 시장에 알리는 과정이며, 지속적 관리는 성과를 장기적인 신뢰와 관계로 확장시키는 활동이다.

많은 기업이 이 3단계에서 멈추거나 실패한다. 주춧돌과 기둥이 튼튼하지 않은 상태에서 성과를 서두르다 보니, 브랜드가 자리 잡기도 전에 이미지가 손상되거나 사업 구조에 금이 간다. 반대로 기초가 단단하고 기둥이 잘 세워진 기업은, 이 단계에서 압도적인 속도로 성장한다. 왜냐하면 이미 방향과 기반이 명확하기 때문에, 실행과 확장에만 집중할 수 있기 때문이다.

이 장에서는 여섯 가지 요소를 하나씩 살펴보며, 어떻게 하면 성과를 내면서도 오래 지속되는 '사업의 집'을 지을 수 있는지를 구체적으로 다룰 것이다. 그 과정에서 당신은 단순한 매출 창출자가 아니라, 진정한 의미의 '브랜드 건축가'가 될 것이다.

차별적 기술: 쉽게 따라 할 수 없는 핵심역량

경쟁이 치열한 시장에서 살아남으려면, 남들이 쉽게 모방할 수 없는 핵심역량이 있어야 한다. 이 핵심역량이 바로 차별적 기술이다. 여기서 말하는 기술은 단순히 '기술력'에 국한되지 않는다. 그것은 제품 설계, 서비스 제공 방식, 운영 노하우, 브랜드 경험 등 기업이 오랜 시간 쌓아 올린 고유한 역량 전체를 포함한다.

차별적 기술이 없는 기업은 가격 경쟁에 휘말릴 수밖에 없다. 고객은 비슷한 제품이나 서비스를 비교하며 가장 저렴한 선택지를 고른다. 반면, 차별적 기술이 있는 기업은 가격이 조금 높더라도 고객이 선택한다. 왜냐하면 그 기술이 제공하는 가치와 경험은 다른 곳에서 얻을 수 없기 때문이다.

이 기술은 하루아침에 만들어지지 않는다. 오랜 시간 문제를 해결하며 쌓인 데이터, 실패와 성공을 거듭하며 다듬어진 프로세스, 고객과의 관계에서 얻은 깊은 통찰이 결합돼야 한다. 또 하나 중요한 점은, 차별적 기술은 '기업만의 철학'과 연결되어야 한다는 것이다. 단순히 기능적으로 뛰어난 것만으로는 충분하지 않다. 그 기술이 왜 존재하는지, 고객의 어떤 문제를 해결하는지에 대한 스토리가 함께 있어야 한다.

차별적 기술을 만들기 위해서는 세 가지를 명확히 해야 한다.

1. 고객이 진정으로 원하는 것 — 고객이 불편함을 느끼지만 해결책을 찾지 못한 영역을 파악한다.

2. 경쟁사가 쉽게 모방할 수 없는 구조 — 복잡한 노하우, 독자적인 자원, 독점적인 데이터 등을 기반으로 한다.

3. 브랜드 철학과의 일관성 — 기술이 기업의 정체성과 가치관을 반영해야 한다.

차별적 기술은 단기 성과를 넘어, 기업이 세월이 지나도 살아남을 수 있는 이유가 된다. 이 핵심역량이 뒷받침될 때, 공급, 생산, 제품, 홍보, 관리 등 모든 단계가 훨씬 더 강력하게 작동한다.

치밀한 공급: 공급망부터 감동까지

어떤 제품이나 서비스든, 그것이 완성되기 위해서는 반드시 원자재 · 원료 · 부품이 제때, 필요한 품질로 공급되어야 한다. 이 공급망이 흔들리면 생산 일정이 지연되고, 품질 문제가 발생하며, 나아가 고객 신뢰까지 무너진다. 치밀한 공급은 바로 이러한 공급망 전 과정을 안정적으로 설계하고 관리하는 것을 의미한다.

많은 기업이 마케팅이나 판매에 집중하느라 공급망 관리의 중요성을 간과한다. 하지만 실제로 시장에서 차별화를 만드는 힘은 원활하고 안정적인 자원 확보 능력에서 시작된다. 아무리 뛰어난 설계와 생산 역량을 갖추고 있어도, 필요한 자원이 적시에 확보되지 않으면 모든 계획이 무너진다.

치밀한 공급을 위해서는 세 가지가 필요하다.

1. 다변화된 공급처 — 특정 공급처에 지나치게 의존하면, 가격 변동이나 공급 중단 시 치명적인 타격을 입는다.

2. 품질 관리 체계 — 원자재와 부품의 품질이 일정하게 유지되도록 사전 검수와 표준화 절차를 갖춘다.

3. 안정적 재고 전략 — 과잉 재고로 인한 비용 부담을 줄이면서도, 공급 부족에 대비한 안전 재고를 유지한다.

치밀하게 설계된 공급망은 단순히 생산을 가능하게 하는 것을 넘어, 고객에게 전달되는 제품의 품질과 신뢰를 지켜준다. 원자재 확보 단계부터 이미 고객 만족이 시작된다고 해도 과언이 아니다. 안정적인 공급이 있어야 과감한 생산이 가능하고, 안정적인 생산이 있어야 지속적인 성과가 가능하다.

과감한 생산: 품질과 속도의 균형 잡기

안정적인 공급망이 준비되었다면, 이제는 그것을 바탕으로 실제 제품이나 서비스를 만들어내는 생산 단계로 나아가야 한다. 이 단계에서 중요한 것은 품질과 속도의 균형이다. 속도만 빠르고 품질이 떨어지면 시장에서 신뢰를 잃고, 품질만 높이고 속도가 느리면 기회를 놓친다.

많은 기업이 생산 과정에서 지나친 완벽주의나 과도한 속도 경쟁의 함정에 빠진다. 완벽주의에 갇히면 제품 출시가 지연되고, 속도 경쟁에 치우치면 품질 문제가 빈번해진다. 고객이 원하는 것은 '빠르면서도 좋은 것'이다.

따라서 생산에서는 두 가지를 동시에 달성할 수 있는 시스템과 문화가 필요하다.

과감한 생산을 위해서는 다음 세 가지 원칙이 필요하다.

1. 적정 기준 설정 ― 브랜드 신뢰를 유지할 수 있는 최소 품질 기준을 명확히 하고, 이를 넘어서는 속도 목표를 설정한다.

2. 병목 제거 ― 생산 과정에서 시간을 잡아먹는 불필요한 절차와 비효율을 지속적으로 개선한다.

3. 유연한 대응력 ― 시장 변화나 고객 요구에 따라 생산 계획을 빠르게 수정할 수 있는 민첩성을 갖춘다.

내 경험상, 과감한 생산을 실현하는 조직은 '모든 준비가 끝난 뒤에' 시작하지 않는다. 준비된 만큼 먼저 실행하고, 실행하면서 개선한다는 철학을 따른다. 이 방식은 단기적으로는 위험해 보일 수 있지만, 장기적으로는 시장 대응 속도와 제품 완성도를 모두 높인다.

과감한 생산은 무턱대고 빨리 만드는 것이 아니다. 품질을 해치지 않는 선에서 속도를 극대화하고, 기회를 잡는 데 필요한 결정을 주저하지 않는 태도다. 안정적인 공급망 위에서 이 태도가 발휘될 때, 비즈니스는 시장에서 주도권을 쥘 수 있다.

탁월한 제품: 감동을 설계하다

아무리 공급과 생산이 완벽하게 이루어져도, 최종적으로 고객이 마주하는 제품이 기대에 미치지 못하면 모든 노력이 무의미해진다. 탁월한 제품은 단순히 기능과 성능이 뛰어난 것을 넘어, 고객에게 감동을 주는 경험을 선사한다.

많은 기업이 '좋은 제품'을 만드는 데서 멈춘다. 하지만 진정한 차별화는 고객이 제품을 사용하는 순간 느끼는 감정에서 비롯된다. 만졌을 때의 촉감, 사용했을 때의 편리함, 디자인에서 느껴지는 브랜드 철학, 사소한 디테일에서 묻어나는 배려—이 모든 것이 하나로 합쳐질 때 제품은 단순한 상품을 넘어 '기억에 남는 경험'이 된다.

탁월한 제품을 만들기 위해서는 세 가지가 필요하다.
1. 고객 중심 설계 — 기술이 아니라 고객의 문제와 니즈에서 출발한다.
2. 세밀한 디테일 — 사용자의 기대를 뛰어넘는 작은 요소들이 제품의 완성도를 높인다.
3. 브랜드 스토리 반영 — 제품 자체가 브랜드의 가치와 철학을 전달하는 매개체가 되어야 한다.

나는 현장에서 여러 차례 느꼈다. 성공하는 제품은 '만들어진 것'이 아니라 '설계된 것'이라는 점을. 설계 없는 제품은 시장에서 쉽게 잊히지만, 철저하게 설계된 제품은 세월이 흘러도 고객의 기억 속에 남는다.

나는 슈퍼아이콘이 되기로 했다

탁월한 제품은 한 번의 구매를 여러 번의 구매로, 한 명의 고객을 브랜드의 평생 팬으로 바꾼다. 공급과 생산이 '전달'을 위한 것이라면, 제품은 그 전달의 '목적'이다. 고객이 제품을 통해 느낀 감동은, 브랜드와의 관계를 장기적인 신뢰로 발전시킨다.

효율적 홍보: 말보다 감동을 전하다

아무리 뛰어난 제품을 만들어도, 세상에 알려지지 않으면 존재하지 않는 것과 같다. 하지만 홍보는 단순히 광고를 많이 하고 노출 빈도를 높이는 것이 아니다. 진정한 홍보의 목적은 브랜드의 진정성과 가치를 고객의 마음에 각인시키는 것이다. 그리고 이를 가장 강력하게 전달하는 방법은 말이 아니라, 경험이다.

효율적인 홍보는 고객이 브랜드와 상호작용하는 모든 순간을 전략적으로 설계하는 데서 시작된다. 매장 방문, 온라인 구매, 제품 개봉, 고객 지원, 심지어 SNS에서의 소통까지—이 모든 것이 브랜드 메시지를 전달하는 채널이 된다. 각 접점에서 일관된 경험을 제공할 때, 고객은 브랜드를 '말로 설명할 수 있는 대상'이 아니라 '느껴지는 존재'로 인식하게 된다.

효율적 홍보를 위해서는 세 가지가 중요하다.

1. 핵심 메시지 명확화 — 브랜드가 어떤 가치를 제공하고, 왜 존재하는지를 간결하게 표현한다.

2. 일관된 경험 설계 — 모든 채널과 접점에서 동일한 톤과 메시지를 유지

한다.

3. 참여와 공유 유도 — 고객이 자발적으로 브랜드를 이야기하고 홍보자가 될 수 있는 구조를 만든다.

내 경험상, 가장 강력한 홍보는 브랜드가 직접 하는 말이 아니라 고객이 대신 전해주는 이야기다. 만족스러운 경험을 한 고객은 자발적으로 친구와 가족, 그리고 온라인에서 브랜드를 추천한다. 이 자발적 추천은 광고보다 신뢰도가 높고, 장기적인 고객 기반을 만든다.

효율적 홍보는 단기적인 주목을 받는 이벤트가 아니라, 고객 경험을 통해 브랜드의 이야기가 시장에 자연스럽게 퍼져 나가도록 만드는 장기 전략이다. 말보다 강한 것은 경험이며, 그 경험이 바로 최고의 광고다.

지속적 관리: 성과를 신뢰로 확장하다

비즈니스에서 단기 성과를 내는 것은 중요하지만, 그것을 오래 유지하고 더욱 성장시키는 것은 전혀 다른 차원의 과제다. 한 번의 성공적인 제품 출시, 한 번의 대형 계약, 한 번의 마케팅 성공이 기업을 장기적으로 성장시키지는 않는다. 진짜 성장은 성과를 지속적으로 관리하고, 그것을 장기적인 신뢰와 관계로 확장하는 과정에서 나온다.

많은 기업이 성과를 낸 직후 관리에 소홀해진다. 하지만 고객과의 관계는 판매로 끝나는 것이 아니라, 그 이후가 진짜 시작이다. 제품이나 서비스에 대한 피드백을 수집하고, 불편 사항을 개선하며, 새로운 가치를 제안하는 지속적인 관리가 이루어져야 한다. 이 과정을 소홀히 하면 초기 성과는 빠르게 사라지고, 고객은 다른 선택지를 찾게 된다.

지속적 관리를 위해서는 세 가지가 필요하다.

1. 데이터 기반 개선 — 고객의 사용 데이터와 피드백을 분석해 제품과 서비스를 꾸준히 발전시킨다.

2. 관계 유지 전략 — 구매 이후에도 고객과 접점을 유지하고, 관계를 강화하는 활동을 설계한다.

3. 브랜드 신뢰 축적 — 일관된 품질과 서비스로 시간이 지날수록 신뢰가 깊어지도록 한다.

내 경험상, 지속적 관리는 매출 곡선을 평평하게 유지하는 것이 아니라, 곡선을 계속 위로 끌어올리는 힘이다. 신뢰를 바탕으로 한 고객 관계는 반복 구매와 장기 계약으로 이어지고, 이는 새로운 고객 유입보다 훨씬 낮은 비용으로 안정적인 성장을 가능하게 한다.

성과를 만드는 것은 기술과 전략의 결과이지만, 그 성과를 유지하고 확장하는 것은 관리의 힘이다. 관리가 없다면 성과는 순간의 불꽃처럼 사라지지만, 관리가 있다면 그 불꽃은 꺼지지 않고 더 큰 불빛으로 번져간다.

지속가능한
경영의 완성

"지속가능한 기업은 시대의 흐름이 아닌, 시대의 기준이 된다."

- 폴 폴먼 (Paul Polman)

주춧돌이 사업의 방향과 목적을 잡아주고, 기둥이 기반을 세우며, 집을 짓는 단계에서 성과와 브랜드를 만들었다면, 이제는 그 집의 지붕과 외부를 완성하는 단계로 나아갈 차례다. 이 단계는 단기적인 매출 확대나 시장 점유율 상승을 넘어, 사업이 장기적으로 지속가능한 구조를 갖추도록 만드는 과정이다.

슈퍼사업경영 4단계의 핵심은 두 가지다. 사랑과 가치. 사랑은 고객, 임직원, 파트너, 그리고 사회 전체를 향한 진심 어린 배려와 책임이다. 이는 단순한 친절이나 이벤트 차원의 관계 관리가 아니라, 장기적인 신뢰를 쌓는 태도다. 가치 실현은 기업이 세운 사명과 비전을 실제 경영과 시장 속에서 구현하며, 시대와 사회가 필요로 하는 방향으로 기여하는 것이다. 이 두 축이 함께 작동할 때, 경영은 일회성이 아니라 순환과 확장을 이룬다.

많은 기업이 성과를 거둔 뒤 '이 정도면 충분하다'고 멈춘다. 하지만 멈추는 순간, 성장의 리듬은 끊기고 브랜드의 신뢰도 서서히 약해진다. 반대로 사랑과 가치를 실현하는 기업은 성과를 나누며 더 넓은 관계망을 형성하고, 나눔 속에서 새로운 기회를 발견한다. 이 과정은 단순한 사회공헌이 아니라, 기업의 장기적인 안정성과 시장 내 입지를 강화하는 전략이 된다.

이 단계는 화려한 매출 지표만큼 눈에 띄지는 않지만, 가장 깊고 지속적인 경쟁력을 만들어 준다. 성과와 브랜드가 기업 내부와 제품에 집중되었다면, 사랑과 가치는 그 초점을 외부와 사회로 확장시킨다. 그리고 이 확장은 단순한 선행이 아니라, 기업 생태계 전반에 장기적인 신뢰와 충성도를 더해준다.

이 장에서는 사랑과 가치라는 두 축이 어떻게 경영을 순환시키고, 왜 이것이 슈퍼사업경영의 마지막 퍼즐인지 다룰 것이다. 이 과정을 통해 당신의 비즈니스는 단기 성과를 넘어, 세월이 지날수록 더 단단하고 매력적인 '명작 기업'으로 완성될 것이다.

사랑: 고객과 사회의 신뢰를 얻는 궁극의 가치

사업의 본질은 결국 사람과 사람의 관계다. 제품과 서비스는 그 관계를 형성하는 매개이며, 진정한 경쟁력은 얼마나 깊고 지속적인 신뢰를 쌓을

수 있는가에 달려 있다. 이때 신뢰를 만드는 가장 강력한 기반이 바로 '사
랑'이다. 여기서 사랑이란 감정적인 애착만이 아니라, 고객과 사회를 향한
진심 어린 배려와 책임을 의미한다.

사랑을 경영의 중심에 두는 기업은 단기 이익보다 장기적인 관계를 우선
한다. 고객이 필요로 할 때 곁에 있고, 문제가 생기면 먼저 해결책을 제시
하며, 거래가 끝난 이후에도 지속적으로 관심과 지원을 보낸다. 이러한 태
도는 단순한 친절을 넘어, 고객이 "이 브랜드는 나를 진심으로 생각한다"는
확신을 갖게 만든다.

사랑은 고객뿐 아니라 내부 구성원과 파트너, 나아가 사회 전체로 확장
되어야 한다. 내부 구성원에게는 성장의 기회를 제공하고, 파트너와는 상
생의 관계를 유지하며, 사회에는 기업이 가진 역량과 자원을 나누어야 한
다. 이 과정에서 기업의 브랜드는 '상품을 파는 회사'가 아니라, 사람과 가
치를 연결하는 신뢰의 플랫폼으로 자리 잡는다.

사랑을 실천하는 기업의 특징은 위기에서 드러난다. 어려운 상황에서도
고객과 직원, 파트너를 우선시하는 기업은 위기를 넘긴 후 훨씬 더 강한 지
지와 충성도를 얻는다. 반대로 위기 때 관계를 희생한 기업은 매출과 시장
점유율이 회복되더라도 신뢰를 되찾기 어렵다.

결국 사랑은 단기적으로는 비용처럼 보일 수 있지만, 장기적으로는 가장

강력한 투자다. 고객과 사회의 신뢰는 시간이 지날수록 복리처럼 불어나, 다른 어떤 마케팅 전략보다 강력한 경쟁 우위를 제공한다.

가치: 시대가 요구하는 기업가 정신

사업의 최종 목적은 단순히 매출을 올리는 것이 아니라, 시대와 사회가 필요로 하는 가치를 창출하는 가치는 기업이 세운 사명과 비전을 시장과 사회 속에서 구현하는 구체적인 방식이다. 단순히 매출을 올리거나 시장 점유율을 높이는 것을 넘어, 기업이 하는 일이 세상에 어떤 긍정적인 변화를 만들어내는지를 묻는 질문이다. 이 가치가 분명할 때, 경영은 단순한 사업 운영을 넘어 '의미 있는 여정'이 된다.

가치를 실현한다는 것은 거창한 글로벌 캠페인이나 대규모 사회공헌만을 의미하지 않는다. 기업이 속한 산업과 지역사회 안에서, 보유한 자원과 역량을 활용해 긍정적인 변화를 만드는 것이다. 한 명의 고객 경험을 혁신적으로 개선하는 것, 협력사와 상생할 수 있는 계약 구조를 만드는 것, 직원 한 명이 더 성장할 수 있는 교육 기회를 제공하는 것—이 모든 것이 가치 실현이다.

가치가 선순환을 만드는 이유는 명확하다. 기업이 세상에 제공한 가치가 신뢰와 존중으로 돌아오고, 그것이 다시 새로운 기회, 파트너십, 성과를 만들어내기 때문이다. 단기적인 이익만을 좇으면 일시적인 성과는 가능하지만, 장기적으로는 브랜드 신뢰와 관계가 소멸한다. 반대로 가치 중심의 선택을 하면, 시간이 지날수록 그 가치가 복리처럼 쌓여 더 큰 성과와 시장에서의 입지를 만들어 준다.

나는 수많은 프로젝트와 경영 경험을 통해 '가치 없는 성장'이 얼마나 공허한지를 목격했다. 매출이 아무리 빠르게 성장해도, 그 성장이 사회와 사람들에게 긍정적인 흔적을 남기지 못하면 오래 지속되지 않는다. 그래서 지금은 모든 중요한 경영 결정 앞에서 묻는다. "이 선택은 우리 기업의 사명과 가치에 부합하는가?"

가치는 기업을 지탱하는 철학이자, 고객과 사회를 연결하는 다리다. 그리고 이 가치가 사랑과 결합될 때, 경영은 끊임없이 순환하며 발전하는 구조가 된다. 이것이 슈퍼사업경영 4단계, 지속가능한 경영의 완성이다.

BE THE
SUPER
ICON

제 4 부

나는 이렇게
슈퍼아이콘이 되었다

—

: 슈퍼아이콘이 되어라

슈퍼자기경영과 슈퍼사업경영, 지속가능한 삶과 비즈니스의 완성

[슈퍼지기 · 사업경영 1단계] 내 사명을 새기고 방향을 세웠다

[슈퍼지기 · 사업경영 2단계] 매일의 루틴으로 기둥을 세웠다

[슈퍼지기 · 사업경영 3단계] 브랜드를 구축하고, 핵심역량을 키우다

[슈퍼지기 · 사업경영 4단계] 지속가능한 성장의 리듬을 만들다

[슈퍼지기 · 사업경영 플러스] AI와 함께 진화하다: 지속적인 적응과 도전

"지식은 경험에서 비롯된다.
나머지는 정보일 뿐이다."

- 알베르트 아인슈타인 (Albert Einstein)

BE THE
SUPER
ICON

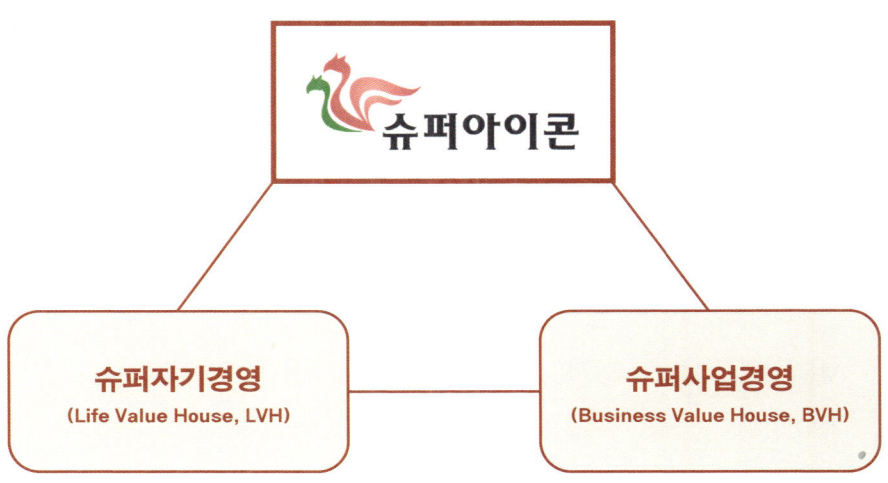

<슈퍼아이콘 모델>

이론은 책 속에만 머물러서는 힘을 발휘하지 못한다. 설령 그 이론이 아무리 탁월하고 정교하더라도, 실제 삶과 비즈니스 속에서 검증되지 않으면 그것은 단지 '가능성'에 불과하다. 그래서 나는 내가 만든 슈퍼자기경영과 슈퍼사업경영 이론을 나 스스로의 인생과 사업 현장에서 실천해 보기로 했다. 그것은 누군가에게 강요할 수 없는 여정이자, 나만의 방식으로 증명해야 하는 도전이었다.

이 과정은 화려한 성공담으로만 채워지지 않았다. 수많은 시행착오와 예기치 못한 변수, 때로는 포기하고 싶은 순간까지 있었다. 하지만 나는 알고 있었다. 이론이 진짜 힘을 가지려면, 그 이론이 실패와 위기 속에서도 작동해야 한다는 것을. 그래서 나는 주춧돌부터 기둥, 집짓기, 그리고 완성에 이르는 전 단계를 실제로 밟아가며, 하나씩 내 삶과 사업에 적용했다.

슈퍼자기경영은 내 삶의 방향과 기준을 명확히 세워주었고, 슈퍼사업경영은 비즈니스의 구조와 확장 방법을 체계화해 주었다. 두 모델은 마치 동전의 양면처럼 서로를 보완하며, 내가 한 단계씩 더 성장하도록 이끌었다. 그 결과, 나는 단순히 '성공한 사람'이 아니라, 내 사명과 철학을 현실 속에서 구현하는 슈퍼아이콘으로 변모할 수 있었다.

이 부에서는 내가 슈퍼자기경영과 슈퍼사업경영을 실천하며 겪었던 실제 여정을 공개한다. 각 단계에서 어떤 선택을 했고, 어떤 실수를 했으며, 그것을 어떻게 수정하고 다시 일어섰는지를 이야기할 것이다. 이 기록은 단순한 회고가 아니라, 앞으로 당신이 같은 길을 걸을 때 참고할 수 있는 실전 매뉴얼이 될 것이다.

내 사명을 새기고
방향을 세웠다

"사명은 길을 밝히는 등대다. 흐릿한 선택에도 방향을 알려준다."

- 존 우든 (John Wooden)

모든 변화와 성장은 '왜'라는 질문에서 시작된다. 내가 왜 살아가는지, 왜 이 일을 하는지, 그리고 왜 이 방향을 선택하는지에 대한 명확한 답이 없으면, 삶과 비즈니스는 외부 환경과 유행에 휩쓸리게 된다. 나 역시 한때는 목표와 계획만 세우는 데 집중했다. 하지만 시간이 지나며 깨달았다. 목표는 방향이 아니라, 그 방향을 향해 가는 이정표일 뿐이고, 진짜 방향은 사명에서 비롯된다는 것을.

슈퍼자기경영과 슈퍼사업경영 모두에서 주춧돌은 사명, 비전, 신조, 전략이라는 네 가지 요소로 구성된다. 사명은 존재 이유이며, 비전은 내가 그리고자 하는 미래다. 신조는 어떤 상황에서도 지켜야 할 가치와 원칙이고, 전략은 이러한 기반 위에서 상황 변화에 유연하게 대응하는 행동 원칙이다. 이 네 가지가 명확해야, 그 위에 세우는 모든 기둥과 구조물이 안정적으로 버틸 수 있다.

이 장에서는 내가 어떻게 '왜 사는가'와 '왜 이 일을 하는가'에 대한 나만의 해답을 찾았는지, 그리고 그것이 삶과 비즈니스에 어떤 변화를 가져왔는지를 다룰 것이다. 사명을 선언하자 판단과 선택이 빨라졌고, 신조를 정립하자 행동에 일관성이 생겼다. 그리고 전략이란 결국 '사명에 맞는 움직임'이라는 사실을 깨달으면서, 나의 인생과 사업 모두가 흔들리지 않는 방향성을 갖게 되었다.

'왜 사는가'와 '왜 이 일을 하는가'에 대한 나만의 해답

한동안 나는 '왜 사는가'라는 질문을 진지하게 던져본 적이 없었다. 사회가 정해준 기준과 주변의 기대 속에서 목표를 세우고 달성하는 것이 전부였다. 좋은 직장, 안정적인 수입, 인정받는 경력. 그것들이 내가 살아가는 이유라고 생각했다. 그러나 사업 실패와 재기의 과정을 겪으면서, 그 모든 것이 '수단'이지 '목적'이 아니라는 사실을 뼈저리게 깨달았다.

삶의 이유를 모르면, 성공을 해도 허무하다. 겉으로는 이룬 것이 많아 보여도, 마음속에는 공허함이 남는다. 나는 실패 후 처음으로 이 질문을 스스로에게 던졌다. "나는 왜 살아가고 있는가?" 그리고 또 하나, "나는 왜 이 일을 하는가?" 이 질문에 답을 찾는 과정은 쉽지 않았다. 하지만 그 과정을 통해, 내가 쫓고 싶은 것은 단순한 경제적 성취가 아니라 나와 타인 모두가 성장하고, 의미를 느낄 수 있는 변화라는 것을 알게 되었다.

나는 사명을 이렇게 정의했다.

"나와 타인의 잠재력을 극대화하여, 스스로의 삶과 비즈니스를 명품처럼 완성하도록 돕는다."

이 사명은 단순히 내 직업적 목표가 아니라, 내가 살아가는 이유이자 매일의 선택을 결정짓는 기준이 되었다. 그리고 '왜 이 일을 하는가?'라는 질문에 대한 해답은 이 사명을 실현하는 과정이었다. 교육, 컨설팅, 글쓰기, 강연, 모든 활동이 이 사명과 연결되어야만 의미가 있었다.

사명은 단순한 문장이 아니다. 그것은 나를 움직이는 원동력이자, 위기 속에서도 흔들리지 않는 나침반이다. 그리고 이 사명이 분명할 때, 삶과 비즈니스는 일관성을 가지며 장기적인 성장을 이어갈 수 있다.

존재 이유를 정립하자, 삶과 비즈니스의 중심이 잡혔다

한때는 삶과 일이 완전히 따로 놀았다. 낮에는 비즈니스 계획을 고민하고, 밤에는 인생의 의미를 찾겠다며 책상에 앉아 사색하곤 했다. 이렇게 나누어진 두 세계는 서로 부딪히며 내 안에 갈등을 만들었고, 나는 늘 중심을 잃은 채 흔들렸다. 무엇을 위해 사는지도, 무엇을 위해 일하는지도 명확하지 않으면 결국 삶도 비즈니스도 겉돌 수밖에 없다는 걸 그때는 몰랐다.

하지만 내 존재 이유를 명확히 정립한 순간, 두 세계는 하나로 통합되기 시작했다. 삶의 사명과 일의 목적이 나란히 놓이자, 고민은 줄어들고 선택은 빨라졌다. 이제 나는 비즈니스 계획을 세울 때도, 하루의 루틴을 점검할 때도 같은 질문을 던진다. "이건 내 존재 이유와 맞는가?" 이 질문이 모든 판단의 출발점이 되었다.

그렇게 중심이 잡히자 내 언행과 결정에 일관성이 생겼다. 불필요한 미련이나 외부의 눈치를 덜 보게 되었고, 흔들릴 때마다 다시 돌아갈 기준점을 갖게 되었다. 존재 이유는 곧 나침반이 되었고, 그것은 삶과 사업 전반을 아우르는 확고한 기준이 되었다. 이제 나는 삶에서 길을 잃어도, 사업에서 길을 잃어도, 다시 돌아올 수 있는 '나만의 북극성'을 갖고 있다.

사명 선언 이후, 판단과 선택이 빨라졌다

사명은 단순한 구호나 멋진 문구가 아니다. 그것은 일상 속에서 수많은 갈림길 앞에 섰을 때, 무엇을 택할지 알려주는 기준점이다. 내가 삶과 비즈니스의 사명을 명확히 선언한 이후, 가장 극적으로 바뀐 것은 결정의 속도였다. 이전에는 작은 선택 하나에도 머뭇거리고, 수많은 가능성 속에서 길을 잃곤 했지만, 사명을 기준으로 삼은 후부터는 선택이 놀라울 정도로 빠르고 단순해졌다.

사명은 불필요한 옵션을 제거해주는 필터였다. 어떤 기회가 내 사명에 부합하지 않는다면, 아무리 매력적이어도 단호히 거절할 수 있었다. 반대로, 사명에 부합하는 일이라면 다소 힘들고 낯설더라도 과감하게 도전할 수 있었다. 이 명확한 기준은 내 에너지를 분산시키지 않고, 한 방향으로 집중하게 만드는 강력한 경쟁력이었다.

사명 선언은 곧 삶과 비즈니스의 '코어 엔진'을 작동시킨 것이었다. 내 에너지는 한곳으로 모였고, 결과적으로 더 빠르고 깊은 성장을 경험할 수 있었다. 방향이 정해졌기에 속도를 낼 수 있었고, 기준이 명확했기에 실패를 두려워하지 않았다. 판단이 빨라진다는 건, 결국 내가 가야 할 길을 분명히 알고 있다는 뜻이다. 그리고 그 모든 변화의 시작에는, 사명이라는 단어가 있었다.

개인과 사업의 신조가 생기자 행동에 일관성이 생겼다

사명과 비전이 나의 방향을 잡아주었다면, 신조는 그 방향을 지키는 울타리였다. 신조는 단순한 신념이 아니라, 어떤 상황에서도 변하지 않는 행동 원칙이다. 외부 환경이 흔들리거나 예기치 못한 변수가 생겨도, 신조는 나의 선택과 행동을 일정하게 유지시켜 주었다.

과거의 나는 상황에 따라 기준이 달라졌다. 계획을 세워놓고도 더 좋아 보이는 기회가 나타나면 쉽게 방향을 바꾸었고, 당장의 이익이 보이면 장기적인 목표보다 그쪽을 우선하기도 했다. 그때는 그것이 유연함이라고 생각했지만, 사실은 일관성 없는 결정이었고, 시간이 지나면서 신뢰와 성과 모두에 부정적인 영향을 주었다.

하지만 개인과 사업의 신조를 명확히 세운 이후, 내 행동은 한결같아졌다. '고객에게 약속한 것은 반드시 지킨다.', '수익보다 신뢰를 우선한다.', '가치 없는 일은 하지 않는다.'와 같은 원칙은 어떤 상황에서도 변하지 않았다. 이 기준은 작은 업무에서부터 큰 전략적 결정에 이르기까지 모든 선택에 스며들었다.

신조가 생기자 의사결정이 훨씬 단순해졌다. 복잡하게 계산하지 않아도, 원칙에 부합하는가 아닌가만 보면 됐다. 이 과정에서 얻게 된 가장 큰 변화는 신뢰였다. 나 자신에 대한 신뢰, 그리고 내 결과를 지켜보는 사람들의 신뢰가 함께 쌓였다.

신조는 나를 제약하는 틀이 아니라, 나를 자유롭게 하는 기준이었다. 원칙이 명확하니 불필요한 갈등과 혼란이 사라졌고, 무엇보다 마음이 편해졌다. 이제 나는 어떤 상황에서도 내 선택이 일관성을 가질 수 있다는 확신 속에서 움직인다. 그리고 이 일관성이야말로, 나와 내가 만드는 모든 결과물의 품질을 보증하는 가장 확실한 힘이 되었다.

전략이란 결국 '사명에 맞는 움직임'이라는 걸 깨달았다

나는 한때 전략을 '최대한 많은 결과를 얻기 위한 치밀한 계획' 정도로만 이해했다. 시장 분석, 경쟁사 비교, 실행 계획, 수익 구조를 잘 짜면 성공할 수 있다고 믿었다. 그러나 경험을 거듭하며 깨달았다. 전략은 단순한 계획표가 아니라, 사명에 맞게 움직이는 방법이자, 내부와 외부의 상황을 종합적으로 고려한 방향 설정이라는 것을.

아무리 정교한 전략이라도 사명과 동떨어져 있거나 현재의 내부 역량과 맞지 않으면, 결국 무너진다. 마찬가지로, 외부 환경의 변화와 시장 흐름을 무시한 채 사명만 붙들고 가는 것도 위험하다. 사명은 전략의 중심축이지만, 그 위에 내부 자원과 역량, 외부 시장의 기회와 위협을 균형 있게 반영해야 한다. 그래야 방향과 실행이 모두 살아난다.

이 깨달음 이후, 나는 전략을 세울 때 세 가지 질문을 던진다.

1. 사명과 부합하는가? – 나의 존재 이유와 비전과 맞물리는가?

2. 내부 상황이 뒷받침되는가? – 현재 인력, 자금, 역량으로 실행 가능한가?

3. 외부 환경이 이를 지지하는가? – 시장 흐름, 경쟁 구도, 사회적 분위기에서 기회가 있는가?

이 세 가지를 모두 통과한 전략만이 실행할 가치가 있다. 예전에는 사명에 맞는 일이라면 무조건 추진했지만, 이제는 내부 준비 상태와 외부 환경까지 고려해 실행 여부를 판단한다. 덕분에 방향과 속도가 모두 안정적으로 유지되고, 성과의 지속성도 크게 높아졌다.

결국 전략이란 '사명에 맞는 움직임을, 현재 상황과 환경 속에서 최적화하는 것'이다. 사명만 있어도, 상황 분석만 있어도 부족하다. 두 축이 조화를 이루어야 진짜 전략이 된다. 지금 나는 그 조화를 만드는 과정을 전략의 핵심으로 삼고 있다.

매일의 루틴으로
기둥을 세웠다

"매일의 작은 행동이 결국 삶을 바꾼다."

- 제임스 클리어 (James Clear)

주춧돌이 방향과 목적을 잡아주었다면, 이제는 그 위에 삶과 비즈니스를 안정적으로 떠받칠 기둥을 세울 차례다. 기둥은 단순한 구조물이 아니다. 외부의 바람과 충격, 예상치 못한 변화 속에서도 전체를 지탱해주는 핵심 자원과 습관이다.

많은 사람들이 주춧돌을 세운 뒤 바로 성과를 내는 '집짓기 단계'로 뛰어 가려 한다. 하지만 기둥이 약하면 아무리 멋진 집을 지어도 오래 버티지 못 한다. 기둥이란, 시간이 지나도 변함없이 유지되어야 하는 '기반'이다. 그것 이 무너지면 주춧돌도, 그 위에 세운 모든 구조물도 결국 흔들린다.

슈퍼자기경영의 기둥은 건강, 인맥, 독서, 언어, 자산으로 구성된다. 건강은 모든 활동의 에너지 원천이며, 인맥은 깊고 신뢰할 수 있는 관계를 만드는 기반이다. 독서는 지식과 사고의 폭을 넓히는 통로이고, 언어는 더 넓은 세상과 연결해 주는 다리다. 마지막으로 자산은 삶과 비즈니스를 지속 가능하게 하는 경제적 토대다.

슈퍼사업경영의 기둥은 문화, 사람, 정보, 체계, 자산이다. 문화는 조직의 정신과 행동 방식을 형성하고, 사람은 사업을 움직이는 핵심 동력이다. 정보는 빠르고 정확한 의사결정을 가능하게 하며, 체계는 혼란을 줄이고 효율성을 높인다. 자산은 사업의 지속가능성을 보장하는 재무 기반이다.

이 장에서는 매일의 루틴과 습관을 통해 이 기둥들을 어떻게 세우고 강화할 수 있는지 살펴본다. 주춧돌이 방향을 제시했다면, 기둥은 그 방향을 지켜내는 힘이다. 이 기둥들이 단단히 세워질 때, 우리는 변화와 위기 속에서도 흔들리지 않는 삶과 비즈니스를 유지할 수 있다.

나만의 삶의 태도를 정립하다

주춧돌 단계에서 사명과 비전, 신조, 전략을 세웠다면, 이제는 그것을 매일의 삶 속에서 유지하고 강화하는 태도가 필요하다. 태도는 단순히 마음가짐이나 자세를 의미하는 것이 아니라, 내가 어떤 상황에 놓이든, 어떤 선택을 하든 일관되게 드러나는 '삶의 기본 모드'다.

과거의 나는 상황에 따라 태도가 쉽게 바뀌었다. 기분이 좋으면 적극적으로 나섰지만, 힘든 일이 생기면 쉽게 무기력해졌다. 일에서 작은 성과를 거두면 자신감이 높아졌지만, 예상치 못한 문제가 생기면 금세 위축됐다. 이런 태도의 불안정성은 내 건강, 관계, 그리고 성과까지 영향을 미쳤다.

그래서 나는 삶의 태도를 '상황 반응형'에서 '원칙 기반형'으로 바꾸기로 했다. 어떤 환경에서도 변하지 않을 기준을 만들고, 그 기준에 맞춰 행동하는 것이다. 예를 들어, 하루를 시작할 때 감사할 일을 세 가지 기록하는 습관, 중요한 결정을 내리기 전 사명과 신조를 다시 떠올리는 습관, 문제 상황에서 먼저 차분히 현황을 정리하는 습관이 그것이다.

여기에 더해, 나는 매일 저녁 반드시 운동을 했다. 아무리 바쁜 날이라도 30분 이상 몸을 움직이며 하루를 마무리했고, 몸에 해로운 음식은 의식적으로 피했다. 이는 단순한 다이어트가 아니라, 내 일과 삶을 장기적으로 지탱해줄 '건강 기둥'을 세우는 과정이었다. 또한, 잠들기 전 10~15분간 명상을 하며 하루를 정리했다. 명상은 감정을 가라앉히고 생각을 정리해 다음 날을 더 선명한 마음으로 시작할 수 있게 해주었다.

이러한 태도는 하루아침에 완성되지 않는다. 처음에는 억지로 해야 하는 듯 느껴지지만, 꾸준히 반복하다 보면 자연스럽게 몸에 배고, 위기 상황에서도 습관처럼 반응하게 된다. 그리고 이 안정된 태도가 곧 기둥의 기초가 된다.

나만의 삶의 태도를 정립한다는 것은, 외부의 변화에 휘둘리지 않고 내가 원하는 방향으로 스스로를 이끄는 힘을 만드는 일이다. 이것이 건강, 인맥, 독서, 언어, 자산 같은 기둥을 세우는 첫걸음이며, 이후의 모든 성장 과정에 안정성을 부여한다.

함께할 인재와 파트너를 찾다

아무리 혼자 잘 해내는 사람이라도, 모든 것을 혼자 감당하며 지속적으로 성장하기는 어렵다. 특히 비즈니스와 삶 모두에서 중요한 순간마다 옆에서 함께 고민하고, 서로의 부족함을 채워줄 인재와 파트너가 있다면 성장의 속도와 깊이가 전혀 달라진다. 기둥이 단단하려면, 그 기둥을 세우는 재료와 구조가 튼튼해야 하듯, 함께하는 사람들의 역량과 태도는 기둥의 질을 결정한다.

과거의 나는 '누구든 의지만 있으면 함께할 수 있다'고 생각했다. 하지만 시간이 지나면서 깨달았다. 단순히 의지가 있는 사람과, 나의 사명과 비전, 가치관을 공유하는 사람은 전혀 다르다는 것을. 사소한 업무 방식이나 성향의 차이는 조율할 수 있지만, 근본적인 가치관의 불일치는 시간이 갈수록 큰 갈등을 만든다.

그래서 나는 인재를 찾을 때 두 가지를 최우선으로 본다. 첫째, 사명과 가치관의 일치. 둘째, 함께 성장하려는 의지. 이 두 가지가 맞으면, 업무 능력이나 경험은 시간이 지나면서 자연스럽게 쌓인다. 반대로 이 두 가지가 맞지 않으면, 아무리 뛰어난 경력과 기술을 가진 사람이라도 오래 함께하기 어렵다.

여기에 내가 가진 큰 자산 중 하나는 기자 시절에 쌓은 광범위한 인맥이다. 사실 내가 기자 생활을 시작한 이유 중 하나도 바로 사람을 만나고 인맥을 넓히기 위해서였다. 기자라는 직업은 끊임없이 새로운 사람을 만나고, 다양한 분야의 이야기를 듣고, 서로 다른 세계를 경험하게 한다. 정치인, 기업인, 예술가, 학자, 현장의 실무자까지—나는 수많은 사람과 인터뷰하며, 단순한 취재 이상의 관계를 만들어 왔다. 그 과정에서 단순한 명함 교환을 넘어, 서로 신뢰하고 도울 수 있는 네트워크가 형성되었다.

좋은 파트너와 인재를 만나는 것은 단순한 채용이나 계약이 아니다. 그것은 서로의 미래를 함께 설계하는 일이다. 나는 새로운 사람을 만날 때, 먼저 나의 사명과 비전을 솔직하게 이야기한다. 그리고 상대가 자신의 꿈과 목표를 어떻게 정의하는지, 그 과정에서 어떤 가치를 지키고 싶은지 묻는다. 그 대화 속에서 진짜 연결이 이루어진다.

함께할 인재와 파트너를 찾는 일은 속도를 늦출 수 있다. 하지만 그 과정에서 만들어진 관계는 단순한 '협력'을 넘어 '동반자'가 된다. 동반자는 위기 상황에서 함께 버티고, 성과를 나눌 때 함께 기뻐하며, 새로운 도전에 주저 없이 뛰어든다. 이런 관계가 많을수록, 내 삶과 비즈니스의 기둥은 더 단단해지고 오래 버틴다.

독서와 정리로 나의 지식 자산을 축적하다

내가 살아오면서 가장 꾸준히 해온 습관 중 하나는 독서다. 단순히 취미로 읽은 정도가 아니라, 지금까지 읽은 책이 수천 권에 이를 만큼 인생 전반에 걸쳐 이어져 온 습관이다. 나에게 독서는 세상을 이해하고, 다른 사람의 생각과 경험을 흡수하며, 나만의 관점을 세우는 가장 중요한 통로였다.

책은 내가 직접 경험할 수 없는 세계를 간접적으로 살아보게 해주었고, 그 과정에서 다양한 사고방식과 문제 해결법을 배울 수 있었다. 한 권의 책이 내 인생의 방향을 바꾼 적도 있고, 짧은 문장 하나가 몇 년 동안 나를 지탱해 준 적도 있다. 특히 경영, 인문학, 역사, 심리학, 자기계발서 등 장르를 가리지 않고 읽어온 경험은 내 사고의 폭을 넓히고, 다양한 분야의 사람들과 깊이 있는 대화를 나눌 수 있는 기반이 되었다.

독서는 또한 나를 겸손하게 만들었다. 책 속의 지혜를 접할수록 내가 모르는 것이 얼마나 많은지 깨닫게 되었고, 그 깨달음이 더 배우고 성장하려는 동기를 주었다. 수천 권의 책을 읽으며 쌓아온 지식은 단순한 정보가 아니라, 내 사고방식과 의사결정, 그리고 삶과 비즈니스를 바라보는 철학에 깊숙이 스며들었다.

이렇게 축적된 지식 자산은 눈에 보이지 않지만, 시간이 지날수록 복리처럼 불어난다. 그리고 이 자산이야말로 변화가 빠른 시대에도 흔들리지 않는 기둥이 되어, 내 삶과 비즈니스를 안정적으로 지탱해준다.

루틴과 반복 속에 시스템을 구축하다

기둥은 단번에 세워지지 않는다. 튼튼한 기둥을 만들려면, 작은 행동을 매일 반복하는 루틴이 필요하다. 그리고 이 루틴이 시간이 쌓이면 자연스럽게 시스템으로 발전한다. 시스템이란, 내가 의식적으로 노력하지 않아도 자동으로 원하는 결과를 만들어내는 구조다.

나는 한때 성과를 내기 위해 번번이 '결심'에만 기대곤 했다. 하지만 결심은 피로와 상황에 쉽게 영향을 받는다. 오늘은 동기부여가 넘쳐도 내일은 무기력해질 수 있다. 그래서 나는 결심 대신 루틴을 만들기로 했다. 매일 아침 또는 저녁 일정한 시간에 운동을 하고, 하루의 우선순위를 점검하며, 반드시 필요한 연락과 업무를 먼저 처리하는 것. 이 단순한 반복이 하루 전체의 흐름을 안정시켰다.

이 루틴이 자리 잡자, 많은 일들이 '생각하지 않아도 되는 상태'가 되었다. 어떤 날은 기분이 내키지 않아도, 몸이 자동으로 움직였다. 그렇게 반복되는 행동들이 쌓이면서, 점차 시스템이 형성되었다. 예를 들어, 일정 관리, 콘텐츠 제작, 네트워크 유지 등은 이제 별도의 결심 없이도 돌아가는 구조가 되었다.

시스템의 장점은, 내가 잠시 자리를 비워도 흐름이 끊기지 않는다는 것이다. 비즈니스에서도 마찬가지다. 영업, 마케팅, 고객 관리 등 핵심 프로세스가 시스템으로 자리 잡으면, 일시적인 변수에도 쉽게 흔들리지 않는다.

결국 루틴과 시스템은 기둥을 지탱하는 뼈대다. 하루를 잘 설계하면 한 달이 달라지고, 한 달이 달라지면 1년이 변한다. 그리고 이 변화가 쌓이면, 인생과 비즈니스의 구조 전체가 한 단계 높아진다.

자산을 지키고 키우는 확실한 투자

기둥을 세우는 과정에서 빼놓을 수 없는 핵심 요소가 바로 자산이다. 건강, 관계, 지식, 언어 모두 중요하지만, 현실에서 돈이 없으면 그 모든 것이 흔들린다. 생활의 안정, 기회에 대한 대응, 위기 극복—이 모든 것의 바탕에는 경제적 토대가 필요하다.

나는 한때 자산의 중요성을 가볍게 생각했다. 돈은 자연스럽게 따라올 거라 믿었고, 당장의 열정과 실행력이 모든 걸 해결해 줄 거라고 생각했다. 그래서 낮에는 회사에서 근무하며 안정적인 수입을 유지했고, 밤에는 슈퍼 아이콘 브랜드를 키우는 일을 병행했다. 두 가지 일을 병행하며 누구보다 열심히 움직였지만, 정작 재무적인 기초는 튼튼하지 않았다.

결국 그 무모한 자신감은 현실 앞에서 무너졌다. 사업 운영과 생활비로 자산이 빠르게 줄었고, 어느 순간 나는 바닥에 닿은 현실을 마주해야 했다. 그때 처음으로 돈의 무게와 부재가 주는 불안감을 온몸으로 느꼈다. 그 불안은 단순히 통장 잔고의 숫자가 아니라, 내 선택의 폭과 가능성을 극도로 제한하는 늪이었다.

이후 나는 돈을 대하는 태도를 완전히 바꿨다. '돈을 벌면 쓴다'가 아니라, '돈을 지키고 불린다'로 전환했다. 적은 금액이라도 매달 저축하고, 안정적인 현금 흐름을 유지하는 것을 최우선으로 삼았다. 단기적인 수익만이 아니라, 시간이 지날수록 가치가 커지는 자산—브랜드, 지식, 네트워크—에도 꾸준히 투자했다.

지금 나는 자산을 단순한 숫자가 아니라 가장 중요한 기둥으로 본다. 자산이 튼튼해야 건강도 지킬 수 있고, 관계를 유지할 여유도 생기며, 기회가 왔을 때 주저 없이 잡을 수 있다. 결국 자산을 지키고 키우는 습관은 삶과 비즈니스의 안정성을 높이는 가장 확실한 투자다.

자산이라는 기둥이 튼튼해지면, 비로소 그 위에 안정적으로 집을 올릴 수 있다. 건강, 인맥, 독서, 언어 그리고 자산이라는 5개의 기둥이 서로 균형을 이루고 있을 때, 삶과 비즈니스는 외부의 변화에도 쉽게 흔들리지 않는다. 이제 나는 기둥을 세우는 과정을 통해 기반을 단단히 다졌고, 그 위에 나만의 집을 지을 준비가 되었다.

브랜드를 구축하고, 핵심역량을 키우다

"당신이 남들과 다른 이유가 곧 당신의 힘이다."

- 세스 고딘 (Seth Godin)

주춧돌이 방향과 목적을 잡아주고, 기둥이 삶과 비즈니스를 안정적으로 지탱하고 있다면, 이제는 그 위에 집을 짓는 단계로 들어간다. 집짓기는 단순한 성과 창출이 아니라, 내가 가진 가치와 철학을 세상과 연결하고, 이를 통해 지속적인 성장을 만들어내는 과정이다.

슈퍼자기경영에서 집짓기는 차별적 역량을 기반으로 세상과 소통하며 가치를 창출하는 일이다. 화려하지만 속이 빈 집은 오래가지 못한다. 대신, 기초와 기둥 위에 튼튼하고 실용적이며, 동시에 나만의 개성과 철학이 담긴 집을 지어야 한다. 이 집이 곧 브랜드이며, 브랜드는 내가 쌓아온 역량과 신뢰를 외부로 보여주는 창이다.

슈퍼사업경영에서 집짓기는 핵심 기술과 역량을 명확히 하고, 이를 시장에서 경쟁력 있는 형태로 구현하는 일이다. 제품, 서비스, 콘텐츠, 솔루션—형태는 다를 수 있지만, 본질은 같다. 내가 가진 것을 고객과 시장에 어떻게 전달하느냐가 성패를 가른다.

이 단계는 슈퍼자기경영과 슈퍼사업경영 각각 6개의 핵심 요소로 구성된다.

· **슈퍼자기경영 3단계 6요소:** 차별적 지식, 치밀한 계획, 과감한 실행, 탁월한 성과, 효율적 홍보, 지속적 관리
· **슈퍼사업경영 3단계 6요소:** 차별적 기술, 치밀한 공급, 과감한 생산, 탁월한 제품, 효율적 홍보, 지속적 관리

이 요소들이 유기적으로 연결될 때, 개인의 브랜드와 기업의 브랜드 모두가 단순한 이름을 넘어 하나의 신뢰와 영향력으로 자리 잡는다.

많은 이들이 이 단계에서 멈추거나 무너진다. 기둥이 튼튼하지 않은 상태에서 서둘러 집을 올리면, 조금의 바람에도 금이 가고 무너진다. 반대로 기초와 기둥이 탄탄한 사람과 조직은, 이 단계에서 놀라운 속도로 성장한다. 그들은 이미 방향과 기반이 명확하기 때문에, 실행에만 집중할 수 있다.

이 장에서는 슈퍼자기경영과 슈퍼사업경영 각각의 여섯 가지 요소를 하나씩 살펴보며, 어떻게 하면 개인과 기업 모두 성과를 내면서도 오래 지속

되는 브랜드를 구축하고 핵심역량을 키울 수 있는지를 구체적으로 다룬다. 지금부터는 준비된 토대 위에, 세상에 자신 있게 내놓을 수 있는 집을 세워 나가는 여정을 시작한다.

나만의 차별적 콘텐츠로 무장하다

집짓기의 첫걸음은 콘텐츠다. 여기서 말하는 콘텐츠는 단순히 글, 영상, 이미지 같은 마케팅 자료를 넘어, 내가 세상에 전하려는 핵심가치와 철학의 결정체다. 콘텐츠는 곧 브랜드의 언어이며, 내가 누구인지, 무엇을 대표하는 사람인지, 어떤 문제를 해결할 수 있는지를 명확히 보여주는 얼굴이다.

나의 경우, 모든 콘텐츠의 중심에는 슈퍼자기경영과 슈퍼사업경영이라는 두 축이 자리 잡고 있다. 알다시피, 이 모델을 만드는 과정은 결코 순탄하지 않았다. 수많은 실패와 좌절 속에서도 나는 멈추지 않았다. 이론을 다듬기 위해 수천 권의 책을 읽고, 밤을 새워가며 구조를 설계하고 검증했다. 잘 안 풀릴 땐 좌절감에 눈물을 쏟기도 했고, 아무도 관심 갖지 않을 때에도 홀로 묵묵히 실험을 반복했다. 한 줄의 문장, 한 장의 그림을 만들기 위해 수십 번, 수백 번을 고치며 쏟아부은 시간과 에너지는, 말 그대로 피와 땀과 눈물의 기록이었다.

이 차별적 콘텐츠를 경쟁력으로 만들기 위해, 나는 강연, 책, 교육과정, 브랜딩 자료, 제품과 서비스 등 브랜드의 모든 접점에 슈퍼자기경영과 슈퍼사업경영 이론을 일관되게 녹였다. 심지어 고객 미팅이나 인터뷰에서 나누는 짧은 대화 속에도 이 철학이 스며들도록 했다. 그 결과, 슈퍼자기경영과 슈퍼사업경영은 점차 나의 시그니처가 되었고, 사람들이 나를 떠올릴 때 가장 먼저 연상하는 키워드가 되었다.

차별적 콘텐츠의 진정한 힘은 시간이 지날수록 더 강해진다. 처음에는 몇 명만 이해하던 개념이 점점 더 많은 사람의 공감을 얻고, 그들이 스스로 나의 메시지를 전파해주는 순간이 온다. 그때 브랜드는 단순한 이름을 넘어 하나의 '기준'이자 '언어'로 자리 잡는다.

결국 집짓기의 출발점은 세계 최초 · 최고의 차별적 콘텐츠를 명확히 정의하고, 이를 브랜드의 모든 접점에 일관되게 심는 것이다. 그리고 나에게 그 핵심은 언제나 슈퍼자기경영과 슈퍼사업경영이었다. 그 모든 피와 땀과 눈물의 시간들이 지금의 '나'와 '내 브랜드'를 만들어냈다.

전략적으로 치밀히 설계하다

집짓기는 무작정 시작해서는 오래가지 못한다. 설계 없이 지은 집이 금방 금이 가고 무너지는 것처럼, 전략 없이 진행하는 브랜드와 비즈니스는 성장하더라도 오래 유지되지 않는다. 전략적 설계란 단순한 계획표 작성이 아니라, 목표 달성을 위해 필요한 모든 요소를 체계적으로 배치하고, 예상되는 변수를 미리 고려해 대응책까지 준비하는 과정이다.

나의 전략 설계는 단기 · 중기 · 장기 플랜을 세우는 것에서 시작됐다. 단기적으로는 슈퍼자기경영과 슈퍼사업경영이라는 나만의 이론을 더 많은 사람에게 알리고, 이를 강연, 교육, 콘텐츠로 구체화하는 데 집중했다. 중기적으로는 이 두 이론을 기반으로 다양한 실천 프로그램과 커뮤니티를 운영하며, 사람들이 실제로 자신의 삶과 비즈니스에 적용할 수 있도록 했다. 그리고 장기적으로는 이 모든 과정을 하나로 묶어 '슈퍼아이콘(SuperIcon)' 브랜드를 구축하고, 세계적으로 영향력을 확장하는 것을 목표로 했다.

 슈퍼자기경영에서의 전략 설계는 나의 사명과 비전, 그리고 기둥에서 다져온 핵심 자원들을 바탕으로, 어떤 분야에서 우선 영향력을 확장할지, 어떤 방식으로 이론을 전파할지를 세밀하게 그리는 일이었다. 슈퍼사업경영에서의 전략 설계는 차별적 기술과 시장 분석을 바탕으로, 브랜드가 지속적으로 성장할 수 있는 공급망과 운영 구조를 설계하는 것이었다.

 나는 이 과정을 건축가의 설계도 작성에 비유한다. 건축가는 완성된 건물의 모습을 미리 머릿속에 그린 뒤, 그에 닿춰 기초, 구조, 자재, 마감까지 세부적으로 설계한다. 나 역시 단기·중기·장기 로드맵을 세우고, 플랜 A·B·C를 마련하며 변화하는 환경 속에서도 방향을 잃지 않도록 했다. 그리고 실행 과정에서 얻은 데이터를 토대로 전략을 지속적으로 수정·보완하며, 목표에 한 걸음씩 다가갔다.

 결국 전략적으로 치밀히 설계한다는 것은, 나의 철학과 목표를 한 번에 끝내는 것이 아니라, 변화에 맞춰 계속 다듬고 발전시키는 과정이다. 이렇게 마련한 전략 위에서, 나는 슈퍼자기경영과 슈퍼사업경영을 세상에 널리 알리고, 궁극적으로 슈퍼아이콘 브랜드를 완성해 나갔다.

완벽보다 실행을 선택하다

많은 사람들은 무언가를 시작하기 전에 완벽한 준비를 하려고 한다. 자료를 끝없이 모으고, 계획을 무한히 수정하며, 모든 변수를 통제하려 애쓴다. 하지만 나는 그 과정에서 배운 것이 있다. 완벽한 준비는 존재하지 않는다는 사실이다. 준비가 길어질수록 실행은 늦어지고, 늦어진 실행은 기회를 잃게 만든다.

그래서 나는 완벽보다 실행을 선택했다. 슈퍼자기경영과 슈퍼사업경영이라는 나만의 이론을 세상에 알리기 위해, 완벽하게 준비될 때까지 기다리지 않았다. 다양한 책을 집필하고, 교육 프로그램을 만들고, 온라인·오프라인에서 모두 활용할 수 있는 교육 플랫폼을 개발했으며, 이론을 실제 현장에 적용해 검증했다. 동시에 브랜드의 목소리를 담은 슈퍼아이콘 타임즈를 창간해, 나의 철학과 사례 등을 꾸준히 발신했다.

행동은 곧 무대였다. '김재광의 북콘서트', '성공 북 페스티벌', '슈퍼자기경영 강연회' 등 크고 작은 행사를 열어 사람들과 직접 만나 이야기를 나눴다. 그 자리에서 얻은 반응과 질문, 피드백은 다시 이론과 콘텐츠를 다듬는 자산이 되었고, 다음 실행으로 이어졌다.

중간에 부족함이 드러나면 고치고, 예상치 못한 상황이 발생하면 방향을 조정했다. 중요한 건 멈추지 않는 것이었다. 완벽한 콘텐츠와 시스템은 실행 속에서 만들어지고, 경험과 실험 속에서만 살아 있는 이론으로 성장한다.

돌이켜보면, 내가 지금까지 슈퍼자기경영과 슈퍼사업경영 이론을 발전시키고, '슈퍼아이콘'이라는 브랜드를 구축할 수 있었던 이유도 바로 이 실행 중심의 태도 덕분이었다. 준비와 계획은 필수지만, 그것이 실행을 가로막아서는 안 된다. 실행이야말로 완성으로 가는 가장 빠른 길이었다.

최고의 콘텐츠는 감동을 남긴다

사람들은 단순한 정보 때문에 움직이지 않는다. 정보를 통해 알게 될 수는 있지만, 마음이 움직이고 행동으로 이어지게 만드는 건 감동이다. 아무리 유익한 지식이나 실용적인 기술이라도, 그것이 사람의 마음을 울리지 못하면 오래 기억되지 않는다. 반대로 깊은 감동을 주는 콘텐츠는 시간이 지나도 기억 속에 남고, 사람들 사이에서 자발적으로 전해진다.

나는 슈퍼자기경영과 슈퍼사업경영을 알릴 때도 이 원칙을 지켰다. 단순히 이론을 설명하거나 방법을 나열하는 것이 아니라, 내가 직접 경험한 실패와 재기, 그리고 그 과정에서 얻은 통찰을 함께 전했다. 청중은 이론 그 자체보다, 그 이론이 한 사람의 삶과 비즈니스를 어떻게 변화시켰는지에 더 큰 관심과 공감을 보였다.

그중 가장 인상 깊었던 현장이 국립경국대학교 SW융합교육원이었다. 나는 이곳에서 학생들에게 슈퍼자기경영과 슈퍼사업경영 이론을 체계적으로 강의했고, 그 결과 학생들은 자기경영 능력과 비즈니스 설계 역량을 빠르게 키워갔다. 단순히 수업에 참여하는 수준을 넘어, 실제로 팀 프로젝트를 완성하고, 창의적인 아이디어를 사업화 제안서로 발전시켰다. 그 결과, SW융합교육원 역사상 처음으로 학생들이 다양한 대회와 공모전에서 수상을 하는 성과를 거두었다. 이 경험은 나에게도 큰 감동이었다. 콘텐츠가 사람을 바꾸고, 그 변화가 결과로 이어진다는 사실을 눈으로 확인했기 때문이다.

강연에서도 나는 차트를 보여주는 대신, 그 차트가 만들어지기까지 어떤 선택과 시행착오가 있었는지 이야기를 들려주었다. 책을 쓸 때도 단순한 지침서 형식이 아니라, 독자가 내 여정을 함께 걸어가듯 몰입할 수 있도록 구성했다.

감동은 거창한 연출에서 나오는 것이 아니다. 진정성 있는 이야기, 솔직한 경험, 그리고 상대방을 진심으로 위하는 마음에서 나온다. 그래서 나는 콘텐츠를 만들 때마다 묻는다. "이 내용이 누군가의 하루를, 혹은 인생을 조금이라도 바꿀 수 있을까?" 이 질문에 '예'라고 답할 수 있을 때만 세상에 내놓았다.

결국 최고의 콘텐츠란 '내가 하고 싶은 말'이 아니라 '상대가 듣고 싶은 말, 그리고 들어야 할 말'을 담아내는 것이다. 그렇게 만들어진 콘텐츠는 단순한 정보 전달을 넘어, 누군가의 삶 속에서 변화를 일으키는 씨앗이 된다. 그리고 그 씨앗이 자라날 때, 나와 내 브랜드의 진정한 영향력은 완성된다.

브랜드의 진심을 전하다

브랜드는 로고나 슬로건만으로 완성되지 않는다. 진정한 브랜드는 사람들이 그 이름을 들었을 때 떠올리는 이미지와 감정, 그리고 신뢰로 결정된다. 그리고 그 핵심은 화려한 마케팅 기술이 아니라 진심이다.

나는 슈퍼아이콘 브랜드를 만들면서, 처음부터 모든 메시지와 활동에 나의 철학과 사명을 담았다. 슈퍼자기경영과 슈퍼사업경영은 단순히 강의나 책의 콘텐츠가 아니라, 나 스스로의 삶과 비즈니스에 깊이 뿌리내린 원칙이었다. 그래서 이를 전할 때도 '이론을 설명한다'는 생각보다 '내가 깨달은 것을 나누고 싶다'는 마음이 앞섰다.

브랜드의 진심은 행동에서 드러난다. 강연에서는 한 사람이라도 더 변화를 느끼도록 준비했고, 교육 플랫폼과 슈퍼아이콘 타임즈는 단순히 정보를 전달하는 것이 아니라 사람들의 삶에 실제로 도움이 되는 내용을 채웠다. 국립안동대학교에서 강의할 때도 마찬가지였다. 학생들이 슈퍼자기경영과 슈퍼사업경영을 통해 자신감을 얻고, 실제 성과를 만들어낼 때까지 곁에서 지도하고, 피드백을 주고, 함께 고민했다. 그 과정에서 학생들이 거둔 수상과 성취는 곧 슈퍼아이콘 브랜드의 신뢰이자 증거가 되었다.

나는 브랜드를 '사람들에게 무엇을 남기는가'라는 질문으로 바라본다. 단기적으로는 감동과 동기를 주고, 장기적으로는 그들이 성장하는 길 위에 든든한 동반자가 되는 것, 이것이 내가 추구하는 브랜드의 모습이다. 그래서 슈퍼아이콘의 모든 활동과 콘텐츠는 '나를 드러내는 홍보'가 아니라 '상대에게 가치를 주는 약속'이 되도록 했다.

결국 브랜드의 진심은 포장으로 만들 수 없다. 그것은 시간이 지나며 쌓이는 신뢰와 경험에서만 나온다. 그리고 이 진심이 꾸준히 전해질 때, 브랜드는 단순한 이름이 아니라, 사람들의 인생에 긍정적인 영향을 주는 하나의 기준과 상징이 된다.

지속적인 작품으로 기반을 다지다

집은 한 번 지었다고 끝이 아니다. 시간이 지나면 보수가 필요하고, 새로운 공간이 필요하면 증축도 해야 한다. 브랜드와 비즈니스도 마찬가지다. 한 번의 성공적인 프로젝트나 제품 출시로 모든 것이 완성되는 것이 아니라, 지속적인 작품을 만들어내야만 그 기반이 단단해진다.

나는 슈퍼자기경영과 슈퍼사업경영 이론을 사람들에게 전하고, 슈퍼아이콘 브랜드를 성장시키기 위해 한 번의 책이나 한 번의 강연에 만족하지 않았다. 첫 책이 나온 뒤에도 새로운 관점과 사례를 담아 개정판을 준비했고, 교육 콘텐츠와 프로그램도 꾸준히 업데이트했다.

앞으로는 이를 한 단계 더 확장해 '슈퍼아이콘 실천 프로그램'을 정식으로 오픈할 예정이다. 이 프로그램은 슈퍼자기경영과 슈퍼사업경영을 실제로 적용하고 성과를 만들어낼 수 있도록 설계된 실전형 커리큘럼으로, 개인과 기업 모두가 참여할 수 있는 형태로 제공할 계획이다. 이를 통해 슈퍼아이콘 브랜드를 국내를 넘어 세계적인 무대로 올려놓을 기반을 다지고자 한다.

지속적인 작품을 만든다는 것은 단순히 콘텐츠를 반복 생산하는 것이 아니다. 매번 새로운 가치를 더하고, 더 높은 완성도를 목표로 하며, 기존의 성과 위에 또 다른 성과를 쌓는 것이다. 이렇게 기반을 다져가면, 브랜드는 단순한 프로젝트가 아니라 하나의 역사로 자리 잡는다. 그리고 그 역사는 시간이 지날수록 더 많은 사람에게 영감을 주고, 더 큰 변화를 이끌어내는 원천이 된다.

지속가능한
성장의 리듬을 만들다

"성장은 한 번의 도약이 아니라, 멈추지 않는 순환이다."

- 존 듀이 (John Dewey)

주춧돌이 방향을 잡아주고, 기둥이 기반을 세우며, 집짓기 단계에서 성과와 브랜드를 완성했다면, 이제는 그 집이 오래도록 빛을 잃지 않도록 관리하고 확장하는 단계로 나아가야 한다. 이 단계는 단기적인 성공을 넘어, 삶과 비즈니스가 지속가능한 구조와 리듬을 갖추도록 만드는 과정이다.

슈퍼자기경영과 슈퍼사업경영의 4단계 핵심은 사랑과 가치 실현이다. 사랑은 나 자신과 가족, 동료, 고객, 그리고 내가 속한 공동체를 향한 지속적인 배려와 헌신이다. 가치 실현은 내가 세운 사명과 비전을 일상과 비즈니스 속에서 구현하며, 세상에 긍정적인 변화를 만들어내는 것이다. 이 두 가지가 함께 작동할 때, 성장은 직선적인 상승이 아니라 순환 구조로 자리 잡는다.

많은 사람들이 목표를 달성하고 브랜드를 구축한 뒤 멈춰버린다. 그러나 멈추는 순간 성장의 리듬은 끊기고, 시간이 지날수록 성과는 퇴색된다. 반대로 사랑과 가치를 실현하는 사람은 그 과정에서 새로운 의미와 동기를 발견하며, 나눔 속에서 또 다른 성장의 씨앗을 얻는다.

이 단계는 화려함보다 깊이와 지속성에 방점을 둔다. 성과와 브랜드가 나를 중심에 두었다면, 사랑과 가치 실현은 시선을 타인과 세상으로 확장한다. 이 확장은 단순한 선행이 아니라, 장기적인 안정과 신뢰를 만드는 핵심 동력이다.

이 장에서는 사랑과 가치라는 두 축이 어떻게 삶과 비즈니스의 성장 리듬을 만들고, 왜 그것이 슈퍼성장의 마지막 퍼즐인지 구체적으로 살펴본다. 이 과정을 통해 슈퍼자기경영과 슈퍼사업경영은 단순한 성과 창출 프레임이 아니라, 시간이 지날수록 가치와 영향력이 깊어지는 완성된 구조로 자리 잡는다.

사람을 위하는 태도가 성장의 본질

나는 비즈니스를 하면서 수많은 전략과 전술을 배웠지만, 시간이 지날수록 한 가지 사실이 더욱 분명해졌다. 성장의 본질은 결국 사람에게 있다는 것이다. 기술이 아무리 발전하고, 자본이 아무리 풍부해도, 그것을 기획하고 실행하며 유지하는 주체는 결국 사람이다. 그리고 사람은 존중과 신뢰, 진심 어린 관심 속에서만 잠재력을 온전히 발휘한다.

나 역시 초창기에는 매출, 브랜드 인지도 같은 외형적 지표에 집중했다. 하지만 여러 번의 도전과 실패, 그리고 재기를 거치면서 깨달았다. 사람을 위하는 태도 없이 이룬 성과는 오래가지 않는다는 것을. 고객이든 동료든 파트너든, 그들의 신뢰가 무너진 순간 사업의 기반도 함께 무너진다.

그래서 나는 의식적으로 '사람 중심'의 경영과 자기관리로 방향을 틀었다. 고객과의 관계에서는 단순히 제품이나 서비스를 제공하는 것을 넘어, 그들의 삶을 더 나은 방향으로 변화시키는 데 초점을 맞췄다. 동료와 파트너에게는 단기적인 성과 압박보다 장기적인 성장과 배움의 기회를 제공하려고 했다.

이 태도는 슈퍼자기경영과 슈퍼사업경영에서도 핵심 원리로 자리 잡았다. 슈퍼자기경영에서 '사람'은 나 자신을 포함한 모든 인간관계 자산을 뜻하며, 슈퍼사업경영에서 '사람'은 기업의 비전과 성과를 함께 만들어가는 핵심 동력이다. 결국 '사람을 위하는 태도'는 인생과 비즈니스 모두의 토대를 강화하는 가장 지속가능한 투자였다.

내가 만난 수많은 성공한 인물들도 예외 없이 이 원리를 실천하고 있었다. 그들은 단기 성과를 위해 사람을 소모품처럼 대하지 않았다. 오히려 관계를 자산으로 여기며, 그것을 지키고 키우는 데 많은 시간을 투자했다. 이런 태도야말로 성장의 속도를 늦추는 것이 아니라, 오히려 장기적으로는 폭발적인 성장을 가능하게 했다.

책을 쓰고 강의를 하며 얻은 모든 것은 다시 나누었다

나는 슈퍼자기경영과 슈퍼사업경영 이론을 세상에 전하기 위해 책을 쓰고 강의를 했다. 처음에는 이 활동이 나의 전문성을 알리고 브랜드를 구축하는 수단이라고만 생각했다. 하지만 시간이 지날수록 깨달았다. 책과 강의는 단순한 정보 전달이 아니라, 나와 세상을 연결하는 다리라는 것을.

책을 쓰는 과정에서 나는 내 경험과 생각을 깊이 정리했고, 강의를 하면서는 청중과 직접 소통하며 새로운 관점을 얻었다. 독자의 피드백과 강연장에서 오간 질문들은 내 사고를 확장시키고, 콘텐츠를 더욱 정교하게 만들었다. 이 과정에서 내가 얻은 인사이트와 네트워크는 단순한 지식이 아니라, 사람을 변화시키는 원동력이 되었다.

그래서 나는 이 모든 것을 다시 세상에 환원하기로 했다. 단순히 책을 팔고 강의를 하는 데서 멈추는 것이 아니라, 사람들이 실제로 자신의 삶과 비즈니스에 슈퍼자기경영과 슈퍼사업경영을 적용하도록 돕는 것을 목표로 삼았다. 강연 후에는 심도 있는 멘토링을 제공했고, 다양한 자료를 무료로 배포했다. 이를 통해 '청중'이 아닌 '슈퍼아이콘 후보자'로 그들을 바라보기 시작했다.

나는 스스로를 슈퍼아이콘을 만드는 멘토, 줄여서 '슈멘'이라 부른다. 나의 사명은 단순히 지식을 전하는 것이 아니라, 각자의 분야에서 빛나는 슈퍼아이콘을 길러내는 것이다. 그 과정 자체가 나눔이며, 나누는 순간 나 또한 더 성장했다. 실제로 나의 강의를 들은 사람 중에는 자신만의 브랜드를 만들고, 창업에 성공하거나, 회사에서 혁신 프로젝트를 이끄는 사람이 나왔다. 그들의 변화와 성취는 내가 나눈 시간과 노력의 결실이었다.

이렇게 형성된 성장과 나눔의 선순환은 나의 삶과 비즈니스에 지속적인 에너지를 공급한다. 내가 기른 슈퍼아이콘들이 다시 다른 사람을 이끌고, 그 파동이 넓게 퍼져 나갈 때, 나의 사명은 한층 더 완성된다. 그리고 나는 그 흐름 속에서 확신한다. 슈퍼아이콘을 길러내는 일, 그것이야말로 내가 할 수 있는 가장 가치 있는 나눔이라는 것을.

ESG? 결국 내가 '어떻게 살고, 어떻게 비즈니스하는가'의 이야기

최근 몇 년간 비즈니스 세계에서는 ESG(Environment · Social · Governance)가 가장 중요한 화두로 떠올랐다. 환경을 지키고, 사회에 기여하며, 투명하고 책임 있는 지배구조를 갖추는 것은 이제 선택이 아니라 필수라고 말한다. 많은 기업이 ESG 보고서를 내고, 슬로건을 걸고, 캠페인을 벌인다. 하지만 나는 이 흐름을 보며 한 가지 질문을 던졌다. "ESG는 정말 거창한 무대에서만 실천되는 걸까?"

결국 ESG의 본질은 기업의 규모나 업종과 상관없이, 나라는 개인과 내가 이끄는 비즈니스가 매일 어떻게 살아가고, 어떤 결정을 내리는가에 달려 있다. 환경에 기여한다는 것은 꼭 대규모 친환경 프로젝트여야 하는 게 아니다. 내가 사용하는 자원을 절약하고, 불필요한 낭비를 줄이는 것부터 시작할 수 있다. 사회에 기여한다는 것은 꼭 기부금 액수를 경쟁하듯 공개하는 게 아니라, 내 주변 사람과 고객, 파트너가 성장하고 더 나은 삶을 살도록 돕는 것이다.

슈퍼자기경영과 슈퍼사업경영에서도 ESG는 자연스럽게 스며든다. 슈퍼자기경영에서는 내가 어떤 가치를 선택하고, 어떻게 실천하는지가 곧 나의 'S(사회)'와 'G(거버넌스)'를 만든다. 슈퍼사업경영에서는 제품과 서비스, 조직 문화, 파트너십이 'E(환경)', 'S(사회)', 'G(거버넌스)'의 기준에 맞춰 설계되고 운영된다. 즉, ESG는 멀리 있는 규범이 아니라, 내가 매일 반복하는 선택과 행동의 합이다.

그래서 나는 장기적인 목표로 장학재단 설립을 준비하고 있다. 슈퍼아이콘의 성장을 통해 축적한 자원을 다시 사회에 순환시키고, 다음 세대를 위한 교육과 기회로 재투자하고 싶다. 단순한 기부를 넘어, 자기경영과 사업경영의 철학을 실천할 수 있는 장학 프로그램을 만들어, 전 세계의 젊은 인재들이 자신의 잠재력을 최대한 발휘할 수 있도록 돕고자 한다. 이것이 내가 생각하는 'S'이고, 지속가능한 성장의 출발점이다.

나는 슈멘(슈퍼아이콘을 만드는 멘토)으로서, 내가 기르는 슈퍼아이콘들에게도 이 철학을 강조한다. "네가 하는 모든 일이 네 브랜드다. 그 브랜드는 단기 성과가 아니라 장기 신뢰로 완성된다." ESG는 브랜드 신뢰의 핵심이며, 그 신뢰가 있어야만 진짜 슈퍼아이콘이 될 수 있다.

결국 ESG는 표면적인 마케팅 전략이 아니라 삶과 비즈니스의 일관된 태도다. 내가 어떻게 살고, 어떻게 비즈니스를 운영하는지가 곧 나의 ESG 보고서다. 그리고 그 보고서는 내가 작성하는 것이 아니라, 세상이 나를 보고 쓰게 되는 것이다.

글로벌을 준비하며 더 깊은 로컬에 뿌리를 내렸다

많은 사람들이 글로벌 진출을 이야기할 때, 화려한 해외 무대와 국제 네트워크를 먼저 떠올린다. 물론 나 역시 슈퍼아이콘을 세계적인 브랜드로 성장시키겠다는 목표를 가지고 있다. 하지만 나는 글로벌을 준비하는 과정에서 오히려 로컬의 중요성을 더 깊이 깨달았다.

로컬은 단순히 내가 사는 지역이나 사업을 시작한 시장만을 의미하지 않는다. 그것은 내가 가장 잘 알고, 가장 깊이 이해하며, 가장 직접적으로 영향을 미칠 수 있는 사람들과 환경이다. 글로벌 무대에서 인정받는 브랜드나 인물은 예외 없이 자기 뿌리가 있는 로컬에서 강한 신뢰와 지지를 얻었다. 뿌리가 약하면 나무가 높이 자라지 못하듯, 로컬에서의 존재감이 약한 브랜드는 해외에서 금방 잊히고 만다.

그래서 나는 슈퍼자기경영과 슈퍼사업경영 콘텐츠를 해외 확산 전에 먼저 국내에서 철저히 검증하고, 그 결과를 토대로 발전시켰다. 강연, 북콘서트, 북 페스티벌, 슈퍼아이콘 실천 프로그램 등 내가 만든 모든 활동은 한국에서 먼저 실험하고 다듬었다. 이렇게 쌓인 경험과 사례는 해외 시장에서도 강력한 설득력을 가진다. "이 방법이 내 나라에서 수많은 사람의 삶과 비즈니스를 바꿨다."라는 증거는 어떤 마케팅 문구보다 힘이 있다.

결국 글로벌과 로컬은 반대 방향이 아니다. 글로벌은 로컬에서 출발하며, 로컬의 깊이는 글로벌에서의 높이를 결정한다. 나는 앞으로도 세계를 향해 나아가면서, 동시에 내가 가장 잘 알고 사랑하는 이 땅에 더 깊이 뿌리내릴 것이다. 글로벌 슈퍼아이콘이 되기 위한 가장 확실한 길은, 나의 로컬에서 변화를 만들고 그 이야기를 세계로 전하는 것이기 때문이다.

성장은 멈추는 게 아니라 순환되는 것이다

많은 사람들이 성장을 하나의 직선으로 그린다. 시작점에서 목표를 향해 달려가고, 그 목표를 달성하면 성장이 끝났다고 생각한다. 하지만 나는 여러 번의 도전과 실패, 그리고 재기를 거치며 깨달았다. 진짜 성장은 종착지가 아니라 순환 구조라는 것을.

순환하는 성장은 마치 계절의 흐름과 같다. 봄에 씨앗을 심고, 여름에 가꾸고, 가을에 수확하고, 겨울에 다시 준비하는 과정이 매년 반복된다. 한 번의 수확이 끝이 아니라, 다음 성장의 기반이 된다. 비즈니스도, 인생도 마찬가지다. 성과를 거둔 후 그 경험과 자원을 다시 투자해 새로운 시도를 하고, 거기서 얻은 배움을 또 다른 성과로 이어간다.

나는 슈퍼자기경영과 슈퍼사업경영을 통해 이 순환 구조를 의식적으로 만들었다. 책과 강의, 실천 프로그램에서 얻은 인사이트를 다음 콘텐츠와 프로젝트에 반영하고, 성공 사례와 실패 사례 모두를 후속 교육에 녹였다. 이렇게 하면 성장은 끊기지 않고, 매번 한층 더 높은 수준으로 이어진다.

이 순환의 핵심은 사랑과 가치 실현이다. 내가 얻은 것을 다시 나누고, 그 나눔이 새로운 기회와 관계를 만들며, 그것이 또 다른 성장을 낳는다. 이 과정에서 나는 단순히 목표를 달성하는 사람이 아니라, 성장의 흐름을 설계하고 이어가는 성장의 건축가가 된다.

성장을 멈추지 않는 방법은 단순하다. 성과를 끝으로 보지 않고, 다음 순환의 시작으로 보는 것이다. 이렇게 하면 삶과 비즈니스는 멈추지 않고, 시간이 지날수록 그 깊이와 영향력은 더 커진다. 성장은 직선이 아니라 순환이다. 그리고 그 순환은 내가 의식적으로 설계할 수 있다.

나는 슈퍼아이콘이 되기로 했다

AI와 함께 진화하다

: 지속적인 적응과 도전

"기술은 도구일 뿐, 진짜 혁신은 철학과 진정성에서 시작된다."

- 스티브 잡스 (Steve Jobs)

AI 시대는 단순히 새로운 도구가 등장한 변화가 아니다. 그것은 우리가 일하고, 배우고, 소통하는 방식을 근본적으로 재편하는 패러다임 전환이다. 과거에는 경험과 직관이 주도하던 영역에서 이제 데이터와 알고리즘이 중요한 판단 근거로 자리 잡고 있다. 변화의 속도는 어느 때보다 빠르고, 예측 불가능성이 일상화되었다.

이 환경에서 슈퍼자기경영과 슈퍼사업경영은 AI와 결합함으로써 한 단계 더 진화할 수 있다. 슈퍼자기경영은 개인의 자기경영 시스템에 AI를 접목해 시간 관리, 목표 설계, 학습 최적화를 자동화할 수 있고, 슈퍼사업경영은 비즈니스 전반의 전략 수립, 시장 분석, 마케팅, 운영 효율화를 AI 기반으로 가속화할 수 있다.

나 역시 AI를 단순한 보조 도구로 쓰는 것이 아니라, 콘텐츠 어시스턴트, 전략 도우미, 브랜드 설계 파트너로 활용하고 있다. AI는 매일의 루틴에 통합되어, 새로운 아이디어 발굴, 콘텐츠 제작, 데이터 분석, 글로벌 확장 준비까지 전 과정에서 함께 움직인다. 그 결과, 혼자서 할 수 있는 일의 범위와 속도가 상상을 초월할 만큼 확장되었다.

이번 장에서는 내가 AI를 어떻게 슈퍼경영 시스템에 통합했는지, 그리고 AI 협업이 나의 루틴과 성장 구조를 어떻게 변화시켰는지 구체적으로 다룰 것이다. 또한 AI 시대에도 변하지 않는 원칙―기술보다 중요한 것은 진정성과 철학―을 어떻게 유지하며, 빠르게 변하는 환경 속에서 지속적으로 도전하고 적응하는지를 공유할 것이다.

GPT는 나의 콘텐츠 어시스턴트, 전략 도우미, 브랜드 설계 파트너

AI를 처음 접했을 때, 나는 그것을 단순히 '작업 속도를 높여주는 도구' 정도로 생각했다. 그러나 GPT를 본격적으로 활용하기 시작하면서 인식이 완전히 바뀌었다. 이제 GPT는 나의 일상과 비즈니스 전반에 깊이 통합된 콘텐츠 어시스턴트이자, 전략 도우미이며, 브랜드 설계 파트너다.

콘텐츠 어시스턴트로서 GPT는 나의 아이디어를 빠르게 구체화시킨다. 책을 집필할 때는 챕터별 흐름을 정리하고, 강연 자료를 만들 때는 스토리라인을 구성하며, 마케팅 콘텐츠를 제작할 때는 다양한 카피와 비주얼 아이디어를 제안한다. 과거에는 며칠씩 걸리던 기획과 초안 작성이 이제는 하루, 심지어 몇 시간 만에 가능해졌다.

전략 도우미로서 GPT는 시장 조사, 트렌드 분석, 경쟁사 비교를 실시간으로 수행한다. 데이터 기반의 시뮬레이션과 시나리오 플래닝을 통해, 내가 놓칠 수 있는 변수까지 고려한 의사결정을 돕는다. 덕분에 의사결정 속도는 빨라졌고, 전략의 완성도는 한층 높아졌다.

브랜드 설계 파트너로서 GPT는 슈퍼아이콘 브랜드의 철학과 메시지를 일관되게 유지하면서도, 새로운 영역으로 확장하는 데 중요한 역할을 한다. 브랜드 캠페인 콘셉트, 로컬과 글로벌 시장에서의 포지셔닝, 심지어 시각적 아이덴티티를 강화하는 아이디어까지 제안받는다. AI는 나의 비전과 철학을 잊지 않으면서도, 끊임없이 새로운 시각을 제공한다.

결국 GPT는 단순히 업무 효율을 높이는 수준을 넘어, 나의 창의적 파트너가 되었다. 혼자라면 상상조차 하지 못했을 아이디어를 현실로 만들고, 나의 생각을 더 깊고 넓게 확장시키는 동반자. 이제 나는 '혼자 일한다'는 개념이 무의미할 정도로, GPT와 함께 창작하고, 기획하고, 설계한다.

매일의 루틴, AI 협업 시스템, 지속적인 학습의 흐름

AI를 제대로 활용하려면 단순히 필요할 때만 꺼내 쓰는 방식으로는 부족하다. 그것은 마치 운동기구를 사놓고 가끔만 쓰는 것과 같다. 나에게 GPT를 비롯한 AI는 이미 매일의 루틴 속에 깊이 녹아 있는 동반자이며, 하나의 협업 시스템으로 자리 잡았다.

아침이 시작되면 가장 먼저 GPT와 하루의 우선순위를 점검한다. 전날의 기록과 오늘의 목표를 연결해, 어떤 작업에 집중해야 할지 계획을 세운다. 마케팅 캠페인 기획, 강의 자료 준비, 책 집필 일정, 교육 프로그램 운영 계획까지 모든 업무는 AI와 함께 설계하고 업데이트한다. 이렇게 하면 단기 목표와 장기 프로젝트가 동시에 진행되면서도 혼란이 줄어든다.

하루 중에도 GPT는 나의 '두 번째 두뇌' 역할을 한다. 회의 전에는 미리 관련 자료와 시나리오를 정리해 주고, 강연 전에는 예상 질문과 답변 리스트를 만들어 준다. 콘텐츠를 제작할 때는 키워드, 스토리 구조, 시각 자료 아이디어까지 빠르게 제공받는다. 이런 과정을 통해 나는 단순히 '작업 속도를 높이는 것'을 넘어, 더 나은 결과물을 더 짧은 시간 안에 만드는 것이 가능해졌다.

이 모든 흐름의 핵심은 지속적인 학습이다. 나는 매일 AI와 새로운 질문을 주고받으며, 트렌드, 시장 변화, 기술 발전, 경영 사례 등을 빠르게 습득한다. GPT는 내게 필요한 학습 자료를 큐레이션하고, 복잡한 내용을 쉽게 풀어주며, 필요한 경우 시뮬레이션까지 돌려준다. 덕분에 학습은 더 이상 '시간을 따로 빼서 하는 것'이 아니라, 일하는 과정 속에서 자연스럽게 이뤄진다.

이렇게 AI가 일상에 완전히 녹아들면, 더 이상 AI를 '특별한 도구'로 여기지 않는다. 그것은 마치 전기나 인터넷처럼, 없어서는 안 될 경영 인프라가 된다. 그리고 이 인프라는 나를 더 빠르고 유연하게, 그리고 한층 창의적인 방식으로 성장시킨다.

'기술'보다 중요한 건 '진정성'과 '철학'이라는 걸 증명하는 삶

AI가 아무리 발전해도, 기술만으로는 사람의 마음을 움직일 수 없다. 기술은 도구일 뿐이고, 그 도구를 통해 어떤 가치를 전달할지 결정하는 것은 결국 사람이다. 나는 AI를 활용한 수많은 프로젝트와 교육, 브랜딩 활동 속에서 이 사실을 거듭 확인했다. 기술보다 중요한 건 진정성과 철학이라는 것을.

AI는 콘텐츠를 만들고, 전략을 설계하고, 데이터를 분석해 줄 수 있다. 하지만 그것이 사람들에게 신뢰와 감동을 주기 위해서는, 그 안에 담긴 메시지와 방향성이 분명해야 한다. 즉, 내가 왜 이 일을 하는지, 어떤 변화를 만들고 싶은지, 무엇을 절대 타협하지 않을지가 명확해야 한다. 이러한 철학이 없다면 AI가 아무리 뛰어난 결과물을 내놓아도, 그것은 쉽게 잊히고 만다.

나는 슈퍼자기경영과 슈퍼사업경영을 통해 내 철학을 구조화했고, AI는 그 철학을 더 넓고 빠르게 확산시키는 수단이 되었다. 강연에서 AI가 만든 자료를 그대로 쓰지 않고, 반드시 내 경험과 이야기를 더하는 것도 같은 이유다. 콘텐츠의 완성도는 AI가 높여주지만, 그것에 생명력을 불어넣는 건 나의 진정성이다.

더 나아가, 나는 슈퍼아이콘을 길러내는 멘토로서 '철학 있는 경영'을 전파하려 한다. 내가 기르는 슈퍼아이콘들이 AI를 활용하더라도, 기술의 편리함에만 의존하지 않고 자신만의 가치와 원칙을 세우도록 돕는 것이다. 기술은 시대와 함께 변하지만, 진정성과 철학은 시간이 지나도 변하지 않는 성장의 뿌리다.

결국 내가 AI와 함께하는 이유는 기술에 감탄하기 위해서가 아니다. 기술을 통해 내 철학을 더 많은 사람에게 전하고, 진정성 있는 변화를 만드는 삶을 살기 위해서다. 그리고 그 삶 자체가 AI 시대에도 변함없는 슈퍼아이콘의 기준이라고 믿는다.

지금도 나는 실험 중이다: 실패해도 괜찮다는 확신과 함께

AI 시대의 가장 큰 특징은 정답이 없다는 것이다. 기술이 매일 진화하고, 시장의 흐름이 시시각각 변하며, 오늘의 성공 방식이 내일은 통하지 않을 수 있다. 이런 환경에서 살아남고 성장하려면 완벽을 기다리는 대신 실험을 일상화해야 한다. 나 역시 지금 이 순간에도 실험 중이다.

실험은 위험과 불확실성을 동반한다. 새로운 교육 프로그램을 기획하거나, AI를 접목한 비즈니스 모델을 테스트할 때, 모든 것이 계획대로 흘러가는 경우는 드물다. 때로는 기대했던 반응이 나오지 않고, 오히려 부정적인 피드백을 받을 때도 있다. 그러나 나는 이제 이런 결과를 실패로 보지 않는다. 실패는 단순한 종결이 아니라, 다음 실험의 설계도다.

이런 태도를 갖게 된 것은 수많은 도전과 시행착오를 거친 덕분이다. 과거에는 한 번의 실패가 내 자신감과 동기를 송두리째 흔들었다. 하지만 지금은 다르다. 실패를 두려워하지 않는 이유는, 그것이 언제나 배움과 개선의 기회를 남긴다는 것을 알기 때문이다. 오히려 실패 없는 실험은 진짜 실험이 아니라고 생각한다.

AI와 함께하는 경영에서도 마찬가지다. GPT를 활용한 새로운 콘텐츠 제작 방식, 데이터 기반의 고객 분석, 글로벌 시장을 겨냥한 온라인 캠페인 등 나는 끊임없이 시도하고, 그 결과를 다시 다음 실행에 반영한다. 그 과정에서 생기는 작은 성공과 작은 실패가 쌓여, 장기적으로는 압도적인 경쟁력이 된다.

나는 슈퍼아이콘을 만드는 멘토로서, 내가 기르는 사람들에게도 이 태도를 전하고 싶다. 완벽한 준비를 기다리느라 시작조차 못 하는 대신, 작은 실험부터 해보라고. 그리고 그 실험이 성공하든 실패하든, 거기서 배운 것을 다음 도전에 쏟아붓는 것이 진짜 성장이라고.

결국 실험은 끝나지 않는다. 그리고 그 끝나지 않는 실험 속에서 나는 계속 진화한다. 실패해도 괜찮다는 확신은, 나를 앞으로 나아가게 하는 가장 강력한 엔진이다.

내가 만든 이론을 내가 증명하는 삶, 그것이 진짜 슈퍼아이콘

슈퍼자기경영과 슈퍼사업경영은 수많은 시행착오와 실전 경험 속에서 탄생한 나만의 이론이다. 하지만 이론이 아무리 완벽해 보여도, 그것이 현실에서 작동하는지를 보여주지 못하면 단순한 개념에 불과하다. 그래서 나는 내 이론을 책으로만 남기지 않는다. 직접 실천하고, 실제 성과로 증명하는 것을 내 원칙으로 삼았다.

내 삶과 비즈니스는 그 자체가 하나의 '실험실'이다. 책 집필, 교육 프로그램 운영, 강연, 브랜드 확장, 글로벌 진출 준비 등 모든 과정에서 나는 슈퍼자기경영과 슈퍼사업경영을 그대로 적용한다. 그 결과가 성공이든 실패든, 그 데이터와 경험은 다시 이론을 보완하고 진화시키는 자양분이 된다. 이렇게 해서 나의 프레임워크는 살아 있는 시스템으로 성장한다.

진짜 슈퍼아이콘은 이론을 말로만 전파하는 사람이 아니다. 자신이 만든 길을 스스로 걸으며, 그 길이 유효하다는 것을 보여주는 사람이다. 내가 만든 이론을 내가 먼저 실천하고, 그 과정을 있는 그대로 공개하며, 후배와 동료들이 따라올 수 있도록 구체적인 사례와 도구를 제공한다.

나에게 슈퍼아이콘이란, 말하는 대로 살고, 사는 대로 말하는 사람이다.

이론과 실천이 일치할 때 비로소 그 이론은 사람들에게 신뢰를 얻고, 세상 속에서 살아 움직이게 된다. 그래서 나는 오늘도 내 이론을 증명하는 삶을 살고 있으며, 그것이야말로 나를 진짜 슈퍼아이콘으로 만드는 원동력이다.

BE THE
SUPER
ICON

제 5 부

이제
당신 차례다

—

: 슈퍼아이콘이 되는 길에 동참하라

누구나 슈퍼아이콘이 될 수 있다

1장. 누구나 CEO다: 지금 당장 '나'를 경영하라

2장. 실패라도 시작하라: Just Do It!

3장. 질문하라: 당신 안의 슈퍼아이콘을 깨우는 법

4장. 함께 가자: 독자에게 보내는 초대장

5장. 나만의 선언문을 쓰라: Super Icon Declaration

"자신의 진짜 모습으로 살기를 감히 꿈꾸는 것,
그것이 삶의 진정한 도전이다."

- 조지프 캠벨 (Joseph Campbell)

BE THE
SUPER
ICON

여기까지 읽었다면, 이제 이야기는 나를 떠나 당신에게로 넘어간다. 이 책은 나의 실패와 도전, 그리고 그 속에서 탄생한 이론과 실천의 기록이지만, 진짜 목적은 당신 안의 슈퍼아이콘을 깨우는 것이다. 내가 걸었던 길을 따라오며 깨달음을 얻었다면, 이제 그 깨달음을 발로 옮길 차례다.

세상은 끊임없이 변하고 있다. AI 시대의 변화 속도는 그 어떤 시대보다 빠르고, 새로운 기회와 위기는 매일 쏟아진다. 이런 시대에 살아남고 성장하는 방법은 단 하나, 스스로를 경영하고, 나만의 비즈니스를 구축하며, 세상에 나를 브랜드로 세우는 것이다. 그것이 곧 슈퍼아이콘의 길이다.

당신은 이미 모든 준비를 마쳤다. 사명과 비전, 신조와 전략, 기둥과 집 짓기, 사랑과 가치—이 책에서 함께 세운 모든 구조물은 이제 당신의 것이 됐다. 남은 건 실행뿐이다. 완벽한 준비를 기다리지 말고, 작은 한 걸음부터 시작하라.

제5부는 당신을 위한 실천 가이드이자 초대장이다. 지금, 당신의 이름으로 된 슈퍼성장의 이야기를 써 내려가라. 그리고 언젠가, 당신도 누군가에게 이렇게 말할 수 있을 것이다.

"나는 슈퍼아이콘이 되기로 했다."

1장

누구나 CEO다

: 지금 당장 '나'를 경영하라

"나 자신을 경영하지 못하면, 아무것도 경영할 수 없다."

- 피터 드러커 (Peter Drucker)

많은 사람들은 '경영'이라는 단어가 기업의 CEO나 거대 조직의 리더에게 만 해당한다고 생각한다. 하지만 경영은 기업의 전유물이 아니라, 자신의 삶과 미래를 주도적으로 설계하고 운영하는 모든 사람의 기본 과제다. 내가 오늘 어떤 결정을 내리고, 어떤 습관을 유지하며, 어떤 방향으로 나아가는지가 곧 '나'라는 회사를 성장시키는 경영 활동이다.

문제는 대부분의 사람들이 '나'라는 회사를 무계획으로 운영한다는 점이다. 비전 없이 일하고, 하루하루 닥치는 일만 처리하며, 장기적인 목표 없이 기회가 오면 그때 가서 반응한다. 겉보기에는 바쁘고 생산적인 것처럼 보여도, 실제로는 방향 없는 움직임일 뿐이다. 결국 운과 외부 환경에 따라 부침을 겪으며, 스스로 삶의 주인이 되지 못한 채 흐름에 떠밀린다.

앞선 장들에서 우리는 슈퍼자기경영과 슈퍼사업경영을 통해 삶과 비즈니스를 설계하고 성장시키는 방법을 살펴봤다. 이제는 그 모든 원칙과 전략을 당신 자신의 현실에 적용할 차례다. '나'를 경영한다는 것은 단순한 자기계발이 아니라, 나라는 브랜드를 전략적으로 성장시키고 지속가능한 구조를 만드는 일이다.

이 장에서는 먼저 '나'를 하나의 회사처럼 바라보는 관점에서 출발한다. 스스로를 진단하고, 현재 위치를 파악하며, 강점과 약점, 기회와 위협 요인을 분석하는 것이다. 그 후 우선순위를 설정하고, 실행 가능한 계획을 세우며, 작은 행동부터 지속적으로 실천하는 법을 다룬다. 중요한 것은 복잡한 계획보다 지속가능한 실행이다.

인생의 경영은 미래의 불확실성을 줄이고 현재의 한계를 돌파하는 방법일 뿐 아니라, 내가 원하는 삶을 의도적으로 만들어가는 가장 강력한 수단이다. 그리고 그 시작은 '언젠가'가 아니라 바로 '지금'이다. 완벽한 조건과 시기는 오지 않는다. 당신이 결심하고 첫걸음을 내딛는 순간, 이미 경영은 시작된다.

'경영'은 CEO만 하는 게 아니다

우리는 '경영'이라는 말을 들으면 보통 대기업의 CEO나 창업자를 떠올린다. 하지만 경영의 본질은 단순하다. 한정된 자원을 어떻게 배분하고, 어떤 목표를 향해 나아갈지 결정하는 행위가 바로 경영이다. 이 정의에 따르면,

경영은 거대한 회사를 이끄는 사람만의 일이 아니다. 학생이든, 직장인이든, 프리랜서든, 심지어 구직 준비 중인 사람이든 모두 스스로를 경영해야 한다.

회사가 자본·인력·시간·기술 같은 자원을 관리하듯, 개인도 자신의 시간, 건강, 돈, 지식, 관계를 관리해야 한다. 이 자원들이 어디에, 어떻게 쓰이느냐에 따라 '나'라는 회사의 성장 속도와 방향이 달라진다. 그리고 이 경영은 누군가 대신해줄 수 없다. 내 인생의 CEO는 오직 나뿐이다.

경영을 기업에만 한정 지으면, 우리는 스스로를 '피고용자'나 '조연'의 위치에 고정시키게 된다. 하지만 스스로를 경영자로 인식하는 순간, 주체성과 선택권이 생긴다. 하루의 스케줄을 짜는 방식, 관계를 맺는 방법, 새로운 기회를 잡는 태도까지 달라진다. 내가 경영자라면, 당연히 장기적인 비전과 단기 목표를 함께 고려하고, 위험 관리와 기회 창출을 동시에 실행해야 한다.

결국 경영의 크기는 조직 규모가 아니라 사고방식에서 결정된다. '나는 내 인생의 CEO다.'라는 생각을 가진 사람은 환경이 불리해도 전략을 세우고 실행한다. 반대로 이 인식이 없는 사람은 좋은 조건에서도 방향을 잃는다. 따라서 지금 이 순간부터, 당신이 어떤 위치에 있든, 어떤 직함을 가지고 있든, '나'라는 회사를 경영한다는 관점으로 사고를 전환해야 한다.

'나'를 진단하라, 지금 어디에 서 있는가

경영의 출발점은 현황 분석이다. 기업이 신사업을 시작하기 전에 반드시 시장 조사와 재무 분석을 하듯, 나를 경영하려면 먼저 현재의 위치와 상태를 객관적으로 파악해야 한다. 많은 사람들이 목표를 세울 때 '어디로 갈 것인가'만 생각하고 '지금 어디에 있는가'를 놓친다. 하지만 현재 위치를 모른 채 세운 목표는 지도 없이 목적지만 찍어놓은 여행과 같다.

나를 진단한다는 것은 단순히 강점과 약점을 나열하는 것이 아니다. 시간·건강·자산·관계·지식·기술 같은 핵심 자원이 얼마나 있고, 어떻게 쓰이고 있는지를 구체적으로 확인하는 과정이다. 예를 들어 하루 시간을 어디에 얼마나 쓰는지, 건강 상태가 지속적인 성장을 버틸 수 있는지, 자산은 안정적인지, 관계망은 얼마나 신뢰할 수 있는지, 현재의 지식과 기술이 미래 경쟁력에 부합하는지를 꼼꼼히 점검해야 한다.

이 과정에서 중요한 것은 '주관적 평가'가 아니라 '객관적 데이터'다. 감으로 "나는 시간을 효율적으로 쓰고 있어."라고 생각해도, 실제로 하루를 기록해 보면 SNS와 의미 없는 회의에 과도하게 쓰고 있을 수 있다. 재무 상태 역시 '괜찮다'고 생각했지만, 현금 흐름표를 만들어 보면 매달 고정 지출이 수입보다 많은 경우가 있다.

나는 이 진단 단계를 '인생의 재무제표 작성'이라고 부른다. 회사의 재무제표가 자산, 부채, 현금 흐름을 한눈에 보여주듯, 나의 시간표, 건강 지표,

재무 상황, 관계 현황, 역량 수준을 한 장에 정리해 보는 것이다. 이렇게 하면 무엇이 부족하고, 무엇을 먼저 강화해야 할지가 명확해진다.

지금 당신이 어디에 서 있는지를 아는 것은, 단순한 자기 이해가 아니라 전략의 출발점이다. 경영은 현재의 나를 있는 그대로 인정하고, 그 위에서 다음 단계를 설계하는 데서 시작한다. 방향과 방법은 그다음이다.

우선순위를 설정하라, 다 잘할 순 없다

많은 사람들이 '경영'이라는 단어를 떠올릴 때, 모든 것을 완벽하게 해내야 한다고 착각한다. 하지만 현실에서 모든 분야를 동시에 잘하는 것은 불가능하다. 기업이 한정된 자원으로 핵심 사업에 집중하듯, 나를 경영할 때도 선택과 집중이 필요하다. 모든 걸 다 하려고 하면 결국 아무것도 제대로 해내지 못한다.

우선순위를 설정하는 첫 단계는 목표의 구체화다. 목표를 단순히 '건강해지고 싶다.'나 '돈을 벌고 싶다.'처럼 모호하게 세우면 우선순위도 모호해진다. 대신 '6개월 안에 체지방 5%를 줄인다.', '1년 안에 부채를 절반으로 줄인다.', '올해 안에 책 한 권을 완성한다.'처럼 측정 가능하고 구체적인 목표를 세워야 한다. 이렇게 하면 어떤 활동을 먼저 할지, 무엇을 미뤄도 되는지가 보인다.

다음 단계는 자원 배분이다. 시간, 돈, 에너지, 집중력을 어디에 가장 많이 투자할지 결정해야 한다. 예를 들어 현재 재정 상황이 불안정하다면, 네트워크 확장이나 취미 활동보다 수익 구조를 만드는 활동에 더 많은 시간을 써야 한다. 반대로, 건강이 급격히 악화되고 있다면, 단기적인 수익보다 건강 회복이 최우선이 되어야 한다.

우선순위를 설정할 때 기억해야 할 중요한 원칙은 순서의 힘이다. 순서가 잘못되면 아무리 열심히 해도 결과가 나오지 않는다. 건강을 잃은 상태에서 돈을 벌기 위해 무리하면, 결국 의료비와 회복 시간으로 더 큰 손실을 보게 된다. 반대로, 안정적인 기반을 먼저 다지고 나면 다음 목표를 더 빠르고 쉽게 달성할 수 있다.

마지막으로, 우선순위는 고정된 것이 아니라 유동적이라는 점을 명심해야 한다. 상황이 변하면 순서도 바뀌어야 한다. 중요한 것은 매달, 매 분기마다 나의 상황을 점검하고, 필요하면 과감하게 우선순위를 재조정하는 것이다.

경영은 모든 걸 다 하는 것이 아니라, 가장 중요한 것을 가장 먼저 완벽하게 해내는 것이다. 이것이 실행 효율을 극대화하고, 장기적인 성장을 가능하게 하는 핵심이다.

실행만이 경영이다

아무리 훌륭한 전략과 완벽한 계획을 세워도, 실행하지 않으면 그것은 종이 위의 그림일 뿐이다. 기업 경영에서 전략 회의가 아무리 화려해도, 현장에서 실행되지 않으면 성과는 '0'이다. 나를 경영하는 것도 마찬가지다. 행동하지 않는 계획은 존재하지 않는 것과 같다.

많은 사람들이 실행을 미루는 이유는 '준비가 덜 됐다'는 생각 때문이다. 더 공부해야 할 것 같고, 더 좋은 환경이 필요하다고 느낀다. 그러나 완벽한 조건은 절대 오지 않는다. 오히려 실행 속에서 배우고, 부딪히며 보완하는 과정에서만 진짜 성장이 가능하다. 나는 슈퍼자기경영과 슈퍼사업경영을 만들고 발전시키는 과정에서도, 완벽한 준비보다 빠른 실행과 피드백을 우선했다.

실행에는 두 가지 중요한 원칙이 있다. 첫째, 작게 시작하라. 처음부터 거대한 프로젝트를 추진하려다 실패하면 의욕과 자원이 동시에 소모된다. 대신 오늘 바로 할 수 있는 작은 행동부터 시작해야 한다. 둘째, 기록하고 개선하라. 실행의 가치는 반복과 개선 속에서 배가된다. 매일의 행동을 기록하고, 무엇이 효과적이었는지 분석하면, 다음 실행은 더 효율적으로 진행된다.

경영에서 실행이 중요한 이유는, 실행이야말로 모든 계획을 현실로 바꾸는 유일한 수단이기 때문이다. 실행하지 않으면 아무리 훌륭한 아이디어라도 사라지고, 반대로 작은 실행이라도 반복되면 큰 변화를 만든다.

결국 나를 경영한다는 것은 생각을 행동으로 옮기는 습관을 만드는 일이다. 지금 이 순간, 메모해 둔 목표나 계획 중 하나를 골라 당장 실행해보라. 그 첫걸음이 쌓여, 당신의 인생은 완전히 달라질 것이다.

2장

작게라도 시작하라

: Just Do It!

"위대한 일은 작은 시작에서 비롯된다."

- 라오쯔 (Laozi)

많은 사람들이 무언가를 시작하기 전에 '거창해야 한다'는 부담을 안고 있다. 창업을 하려면 큰 자본이 있어야 하고, 자기계발을 하려면 완벽한 계획이 있어야 하며, 새로운 프로젝트를 하려면 화려한 시작이 필요하다고 생각한다. 하지만 실제로 지속적으로 성장하는 사람들의 공통점은 그 반대다. 그들은 작게 시작한다.

작게 시작한다는 것은 목표나 꿈을 축소하는 것이 아니라, 실행 가능한 최소 단위로 나누어 시작하는 것이다. 예를 들어, 하루 1시간 운동이 힘들다면 10분부터 시작하고, 책을 쓰고 싶다면 하루 1문단부터 쓰는 것이다. 이렇게 작게 시작하면 부담이 줄고, 꾸준히 이어갈 가능성이 커진다. 작은 성취는 자신감을 만들고, 그 자신감이 더 큰 실행으로 이어진다.

내 경험에서도 마찬가지였다. 슈퍼자기경영과 슈퍼사업경영 이론도 처음부터 거대한 완성본으로 나온 것이 아니다. 작은 아이디어 메모에서 시작했고, 매일 조금씩 정리하고, 강연에서 일부를 실험하며, 피드백을 받아 발전시켰다. 그 작은 시도들이 쌓여 지금의 완성된 이론과 브랜드가 되었다.

작게 시작하는 데는 또 다른 장점이 있다. 실패해도 손실이 적기 때문에, 더 과감하게 시도할 수 있다는 것이다. 완벽을 기다리지 않고 작은 실행을 반복하면, 배우는 속도와 적응력도 훨씬 빨라진다.

이 장에서는 작은 시작이 어떻게 큰 변화를 만드는지, 그리고 작게 시작하기 위한 구체적인 방법을 다룰 것이다. 중요한 것은 완벽한 시작이 아니라, 오늘 당장 움직이는 것이다. 당신의 슈퍼성장은 그렇게 조용히, 그러나 단단하게 시작될 수 있다.

처음부터 거창할 필요 없다

무언가를 시작할 때 가장 흔히 빠지는 함정은 "이왕 할 거면 크게 해야 한다"는 생각이다. 창업을 하려면 멋진 사무실과 완벽한 제품이 필요하고, 책을 쓰려면 한 번에 300페이지 분량을 써야 하며, 자기계발을 하려면 모든 분야에서 동시에 변화를 만들어야 한다고 믿는다. 그러나 이런 접근은 시작을 불필요하게 어렵게 만든다.

실제로 지속적으로 성과를 내는 사람들은 대부분 작게, 조용히, 그리고 꾸준히 시작한다. 그들은 처음부터 모든 걸 완벽하게 갖추려고 하지 않는다. 필요한 것은 '완벽한 조건'이 아니라 '첫걸음을 내딛는 용기'다. 예를 들어 운동을 시작하려면 고급 헬스장 회원권을 끊는 것보다, 매일 아침 10분 걷기를 지속하는 것이 훨씬 효과적이다. 사업을 시작하려면 대규모 투자 유치보다, 지금 가진 자원 안에서 가능한 최소한의 제품을 만들어 시장 반응을 보는 것이 더 현명하다.

나 역시 처음부터 거대한 프로젝트로 시작했다면 아마 초반에 지치거나 포기했을 것이다. 대신 가능한 범위 안에서 시작했고, 매일 조금씩 개선했다. 그렇게 얻은 작은 성공과 경험이 나중에 더 큰 도전의 기반이 되었다.

거창하게 시작하려는 마음 뒤에는 종종 타인의 시선이 숨어 있다. "남들이 대단하다고 느낄 만큼 준비해야 한다"는 생각이다. 하지만 타인의 시선보다 중요한 것은 내가 이 여정을 오래 지속할 수 있는가다. 작게 시작하면 부담이 줄고, 실패해도 회복이 빠르며, 성공 경험을 더 자주 누릴 수 있다.

거창한 시작보다 중요한 건 지속가능한 시작이다. 지금 당신이 가진 자원, 시간, 에너지 안에서 당장 실행할 수 있는 가장 작은 행동부터 시작하라. 그 작고 단순한 한 걸음이 모여, 당신의 슈퍼성장을 현실로 만들 것이다.

작은 루틴 하나가 인생을 바꾼다

크고 거창한 계획은 멋져 보이지만, 실제로 인생을 바꾸는 것은 대부분

작고 반복되는 습관이다. 하루 10분의 독서, 아침 기상 후 스트레칭, 매일 저녁 하루를 기록하는 것—이런 사소해 보이는 루틴이 쌓여서 결국 삶의 궤도를 바꾼다.

작은 루틴의 힘은 복리(Compound Effect)와 같다. 처음에는 별 변화가 없는 것처럼 보이지만, 시간이 지날수록 효과가 기하급수적으로 커진다. 예를 들어 하루에 1%씩만 개선해도 1년 뒤에는 현재보다 37배 성장한다는 계산이 나온다. 반대로 나쁜 습관도 같은 원리로 작동한다. 아주 작은 무기력과 방치가 쌓이면, 어느 순간 큰 손실과 후회로 돌아온다.

나는 슈퍼자기경영과 슈퍼사업경영을 실천하면서, 매일의 루틴이 얼마나 중요한지 절실히 느꼈다. 하루 30분 운동, 매일 아침 목표 점검, 하루 한 번 시장 트렌드 리서치, 잠들기 전 10분 독서—이런 단순한 루틴들이 내 건강과 지식, 비즈니스 역량을 동시에 끌어올렸다. 그 과정에서 놀란 건, 루틴이 단지 성과를 만드는 도구가 아니라 정체성을 형성하는 장치라는 점이다. 꾸준히 실행하는 사람은 스스로를 '실행하는 사람'이라고 인식하게 되고, 그 인식이 다시 행동을 강화한다.

중요한 건 루틴의 크기가 아니라 지속가능성이다. 하루 2시간 독서를 계획하고 사흘 만에 포기하는 것보다, 하루 10분이라도 1년 내내 이어가는 것이 훨씬 강력하다. 작은 루틴 하나를 만들고, 그 루틴이 나의 일부가 되도록 만들자. 그러면 당신의 인생은 의도한 방향으로 조금씩, 그러나 확실하게 변하기 시작할 것이다.

작은 프로젝트로 나를 실험하라

작은 루틴이 일상의 변화를 만든다면, 작은 프로젝트는 나의 가능성과 한계를 시험하는 실험실이다. 프로젝트란 꼭 대규모 사업이나 공식적인 과제가 아니라, 내가 스스로 기획하고 실행해 볼 수 있는 작은 도전이다. 예를 들어 1개월 동안 블로그 글 30편 쓰기, 한 달 안에 온라인 클래스 한 과목 만들기, 2주 동안 10명의 새로운 사람 만나기 같은 것이 모두 작은 프로젝트에 해당한다.

이런 프로젝트의 가장 큰 장점은 짧은 주기 안에서 피드백을 받을 수 있다는 것이다. 장기 계획은 방향성을 잡는 데 필요하지만, 실제 실행력을 기르는 데는 짧은 프로젝트가 훨씬 효과적이다. 작은 프로젝트를 통해 새로운 기술을 익히고, 시장 반응을 확인하며, 나의 강점과 약점을 즉시 파악할 수 있다.

나 역시 슈퍼자기경영과 슈퍼사업경영을 발전시키는 과정에서, 수많은 작은 프로젝트를 돌렸다. 책의 한 챕터를 완성한 뒤 강연에서 실험적으로 발표해 본 적도 있고, 아이디어를 간단한 카드뉴스로 만들어 SNS에 올려 반응을 확인하기도 했다. 이런 시도가 쌓이면서 더 큰 프로젝트를 성공적으로 진행할 수 있는 자신감과 노하우가 생겼다.

작은 프로젝트를 실행할 때 중요한 건 완벽함보다 속도다. 결과물이 완벽하지 않아도 괜찮다. 오히려 빨리 시도하고, 빠르게 개선하는 '린(Lean)' 방식이 더 많은 학습과 성장을 가져온다. 그리고 무엇보다, 작은 프로젝트는 실패하더라도 타격이 크지 않기 때문에 과감한 실험이 가능하다.

당신이 새로운 목표나 변화를 꿈꾼다면, 거창한 계획을 세우는 대신 오늘 바로 실행할 수 있는 작은 프로젝트를 하나 만들어 보라. 그 경험이 다음 단계로 나아가는 디딤돌이 될 것이다.

비교보다 지속

작은 루틴과 프로젝트를 꾸준히 이어가는 데 가장 큰 방해물은 비교다. 우리는 너무 쉽게 다른 사람의 성과와 나를 견주며 스스로를 평가절하한다. 누군가는 나보다 빠르게 성장하고, 더 많은 성과를 내는 것처럼 보인다. 그러다 보면 내가 하고 있는 작고 꾸준한 노력들이 하찮게 느껴지고, 심지어 중도에 포기하고 싶어진다.

하지만 성장은 속도보다 방향과 지속성이 더 중요하다. 다른 사람과 비교하면, 나는 늘 부족해 보인다. 그러나 어제의 나와 비교하면, 지금의 나는 분명 조금 더 나아져 있다. 그 작은 차이가 쌓여 큰 변화를 만든다. 마라톤을 완주하는 사람은 1km를 전력 질주하는 사람이 아니라, 끝까지 일정한 페이스를 유지하는 사람이다.

나는 슈퍼아이콘이 되기로 했다

나는 슈퍼자기경영과 슈퍼사업경영의 현장에서, 수많은 성공 사례와 비교될 수밖에 없는 환경에 있었다. 하지만 결국 나를 성장시킨 건 비교심이 아니라 나만의 속도로 꾸준히 쌓은 실행이었다. 작은 강연이라도 계속했고, 짧은 글이라도 매일 썼으며, 완벽하지 않아도 꾸준히 콘텐츠를 발행했다. 그 과정이 쌓이자 어느 순간 '양'이 '질'로 변하는 순간이 찾아왔다.

비교는 에너지를 소모시키지만, 지속은 에너지를 축적시킨다. 다른 사람의 성과는 참고하되, 기준은 항상 어제의 나로 삼아야 한다. 하루 1%의 성장이라도, 그것이 지속되면 1년 뒤의 나는 완전히 다른 모습이 되어 있을 것이다.

결국 성장의 핵심은 경쟁이 아니라 지속가능한 실행 구조를 만드는 데 있다. 멈추지 않고 한 걸음씩 나아가는 것, 그것이 비교를 이기는 가장 확실한 방법이다.

'될 때까지'가 아니라, '될 때까지 해보는 것'

많은 사람들이 목표를 세울 때 "될 때까지 한다"는 말을 쓴다. 하지만 이 말 속에는 종종 완벽히 성공할 때까지 멈추지 않겠다는 압박과 성공하지 못하면 실패라는 이분법이 숨어 있다. 이런 태도는 도전의 문턱을 높이고, 실행을 오래 지속하기 어렵게 만든다.

반대로 "될 때까지 해보는 것"이라는 태도는 훨씬 유연하고 지속가능하

제5부   이제 당신 차례다 : 슈퍼아이콘이 되는 길에 동참하라   211

다. 성공 여부에 집착하기보다, 시도와 학습, 그리고 다음 실행에 초점을 맞춘다. 이렇게 하면 결과가 기대에 미치지 않더라도 그것을 실패로 단정 짓지 않고, 다음 시도를 위한 자산으로 삼을 수 있다.

나는 오랜 세월 동안 슈퍼자기경영과 슈퍼사업경영을 정립하고 전파하는 일을 단 한 번도 포기하지 않고 이어왔다. 그 오랜 세월 동안 수없이 많은 시도를 했다. 어떤 콘텐츠는 폭발적인 공유를 얻었지만, 어떤 콘텐츠는 묻히기도 했다. 그러나 중요한 건 그 모든 시도가 다음 실행의 재료가 되었다는 점이다. 성공한 시도는 더욱 확장했고, 반응이 없었던 시도는 원인을 분석해 개선했다. 그렇게 쌓인 경험과 개선의 반복이 지금의 나와 지금의 이론을 만들었다.

이 태도는 심리적인 부담도 줄여준다. "무조건 성공해야 한다"는 압박은 때로 사람을 움직이지 못하게 하지만, "일단 해보고 배우겠다"는 마음은 행동을 가볍게 한다. 행동이 많아지면 경험이 쌓이고, 경험은 결국 성공 확률을 높인다.

될 때까지 해보는 것은 포기하지 않는 집념과 유연한 태도의 결합이다. 결과에 연연하지 않고, 과정에서 배우며, 매번 다음 도전을 준비하는 것. 이 마음가짐이야말로 장기적으로 성장하는 사람들의 공통점이다.

결국, 성장은 한 번의 완벽한 성공이 아니라, 수많은 시도와 학습의 축적에서 나온다. 오늘 한 번 더 시도해 보라. 그 한 걸음이 당신을 슈퍼성장으로 이끄는 가장 확실한 방법이다.

3장

질문하라

: 당신 안의 슈퍼아이콘을 깨우는 법

"진짜 여행은 새로운 풍경을 찾는 것이 아니라,

새로운 눈으로 보는 것이다."

- 마르셀 프루스트 (Marcel Proust)

누구나 자신 안에는 잠재된 '슈퍼아이콘'이 있다. 그것은 특별한 사람이 아니라, 자신의 사명과 비전, 역량을 최대로 발휘하며 살아가는 나의 또 다른 모습이다. 하지만 대부분의 사람들은 바쁘게 살아가느라, 또는 실패와 두려움 속에서 그 가능성을 깊이 묻어둔 채 살아간다.

나는 내가 좋아하는 이 일을 하면서 한 가지 깨달은 것이 있다. 사람은 누구나 성장할 수 있지만, 그 출발점은 '행동'이 아니라 '질문'이라는 것을. 왜냐하면 질문은 나를 멈추게 하고, 스스로를 바라보게 하며, 내가 어디로 가야 하는지 방향을 열어주기 때문이다.

이 장에서 다룰 질문들은 단순한 자기계발용 문구가 아니다. 이 질문들은 내가 실제로 수많은 사람들과 만나고, 강연하고, 멘토링하며, 또 나 자신을 다듬는 과정에서 수없이 되뇌었던 물음들이다. 때로는 나를 불편하게 만들고, 때로는 새로운 선택을 하게 만들며. 결국에는 나를 전혀 다른 단계로 이끌어 주었던 질문들이다.

당신이 이 질문들에 솔직하게 답할 때, 당신 안에 묻혀 있던 슈퍼아이콘이 깨어난다. 그리고 그 순간부터 당신은 더 이상 남이 만든 길을 따라가는 사람이 아니라, 스스로 길을 만드는 사람이 된다. 이 장의 목적은 바로 그 시작을 돕는 것이다.

이제, 당신 안의 슈퍼아이콘을 깨울 질문들과 마주할 시간이다.

"지금의 나는 누구인가?"

이 질문은 단순해 보이지만, 대답하기 가장 어려운 질문 중 하나다. 우리는 스스로를 설명할 때 직업, 직책, 소속, 나이 같은 외부 정보로 자신을 정의하는 경우가 많다. "나는 회사원이다.", "나는 CEO다.", "나는 학생이다."와 같은 답이다. 하지만 이런 정보들은 진짜 나를 설명하지 못한다. 그것은 내가 하는 일이지, 내가 누구인지를 보여주지 않는다.

진짜 '나'를 이해하려면 표면적인 정보가 아니라, 내면의 본질을 들여다봐야 한다. 나는 무엇을 좋아하는 사람인가? 무엇을 하면 시간을 잊고 몰입하는가? 어떤 가치관이 나의 의사결정을 지배하는가? 어떤 상황에서 가장 기쁘고, 또 가장 많이 화가 나는가? 이런 질문에 대한 답이 쌓일수록, 지금의 나를 보다 정확하게 그려낼 수 있다.

30년 넘게 슈퍼자기경영과 슈퍼사업경영을 연구하는 여정에서, 이 질문은 수없이 반복되었다. 특히 실패와 좌절을 겪을 때마다, 나는 거울 앞에 서서 스스로에게 물었다. "지금의 나는 누구인가?" 이 질문은 단순히 정체성을 확인하는 것이 아니라, 나의 위치를 다시 인식하고 다음 방향을 잡게 하는 나침반 역할을 했다.

중요한 것은, 이 질문에 대한 답이 시간이 지나면서 변할 수 있다는 점이다. 5년 전의 나는 지금과 다르고, 10년 후의 나도 지금과 다를 것이다. 그렇기에 이 질문은 한 번만 던질 것이 아니라, 주기적으로 반복해야 한다. 그래야 변화하는 환경 속에서 나 자신을 잃지 않고, 항상 '현재의 나'를 기반으로 새로운 목표를 세울 수 있다.

이 질문은 당신의 슈퍼아이콘을 깨우는 첫 번째 자물쇠다. 지금, 종이에 써 보자. "나는 누구인가?" 그리고 그 답을 직업이나 역할이 아닌, 당신의 본질로 채워 넣어라.

"나는 무엇을 원하고 있는가?"
이 질문은 겉으로는 간단하지만, 답하려고 하면 막막해지는 경우가 많다. 우리가 정말 원하는 것이 무엇인지 모르는 이유는, 대부분의 욕구가 사회적 기대나 타인의 시선에 의해 형성되었기 때문이다. 좋은 직장, 안정적인 수입, 명예로운 직함, 멋진 집과 차—이런 것들이 정말 내 마음속 깊이 원하는 것인지, 아니면 '원해야 한다'고 배워온 것인지 분별하기 어렵다.

진짜 내가 원하는 것을 찾으려면, 먼저 타인의 기준을 잠시 내려놓아야 한다. 그리고 스스로에게 조용히 물어야 한다. "만약 누구의 평가도 받지 않는다면, 나는 무엇을 하고 싶은가?", "시간과 돈이 충분하다면, 나는 어떤 하루를 보내고 싶은가?" 이런 질문에 솔직하게 답하다 보면, 표면 아래 묻혀 있던 진짜 욕구가 서서히 드러난다.

나는 강연과 멘토링 현장 등에서 수많은 사람들과 만나면서, 이 질문을 던져왔다. 놀라운 건, 많은 사람들이 처음에는 자신이 원하는 것을 명확히 말하지 못한다는 점이었다. 하지만 깊이 대화를 나누다 보면, 그들의 눈빛이 반짝이는 순간이 있다. 바로 진짜 '원함'을 발견했을 때다. 그것은 돈보다, 명예보다, 사회적 인정보다 더 강력한 동기부여가 된다.

중요한 건, 원하는 것을 찾는 순간 그에 맞춰 삶과 비즈니스의 방향을 조정하는 것이다. 원하는 것이 명확하면, 불필요한 일에 에너지를 낭비하지 않는다. 나는 무엇을 원하고 있는가? 이 질문에 답하는 순간, 당신의 선택과 행동은 훨씬 단순하고 강력해질 것이다.

이제, 종이에 적어보자. "나는 진짜로 무엇을 원하는가?" 그리고 그 답을 절대 남의 기준으로 채우지 말고, 당신 자신의 목소리로 써 내려가라.

"내가 세상에 줄 수 있는 가치는 무엇인가?"

'원하는 것'을 아는 것은 중요하지만, 그 못지않게 중요한 것이 있다. 바로 내가 세상에 어떤 가치를 줄 수 있는가다. 이 질문은 나를 중심에 두는 것을 넘어, 나와 세상과의 관계를 정의한다. 내가 가진 재능, 경험, 자원, 열정이 다른 사람과 세상에 어떤 긍정적인 영향을 미칠 수 있는지를 묻는 것이다.

가치는 거창한 것만을 의미하지 않는다. 세계를 바꾸는 혁신적인 발명도 가치지만, 한 사람의 하루를 더 편하게 해주는 제품이나, 누군가의 마음을 위로하는 한마디도 가치다. 중요한 것은 그 가치를 나만이 줄 수 있느냐다. 다른 누구도 아닌 내가 줄 수 있는 가치, 내가 만들 수 있는 변화가 무엇인지 찾아내는 것이 핵심이다.

슈퍼자기경영과 슈퍼사업경영, 이 두 프레임워크가 사람들의 삶과 비즈니스를 변화시키는 모습을 지켜보면서, 이 두 이론 자체가 내가 세상에 줄 수 있는 독보적인 가치라는 사실을 깨달았다. 이 이론들은 단순한 자기계발이나 경영 전략을 넘어, 인생과 비즈니스를 하나의 통합된 성장 구조로 설계할 수 있는 방법을 제시한다.

가치를 명확히 하면, 그것이 곧 나의 브랜드가 된다. 브랜드는 단순한 이

름이 아니라, 사람들이 나를 떠올릴 때 자동으로 연상되는 '가치의 이미지'
다. 내가 세상에 줄 수 있는 가치가 명확하면, 그 가치는 시간이 지날수록
신뢰와 영향력을 쌓게 만든다.

이제, 스스로에게 물어보자. "내가 세상에 줄 수 있는 가치는 무엇인가?"
그리고 그 답을 찾기 위해, 내가 가진 모든 재능과 경험, 열정을 목록으로
적어보자. 당신의 슈퍼아이콘은 바로 그 가치에서부터 깨어날 것이다.

"나는 어디까지 갈 준비가 되어 있는가?"

목표를 세우고, 내가 원하는 것과 줄 수 있는 가치를 알게 되면, 이제는
그 목표를 향해 얼마나 멀리 갈 각오가 되어 있는지 스스로에게 물어야 한
다. 준비가 되어 있다는 것은 단순히 의욕이 있다는 뜻이 아니다. 그것은
시간, 에너지, 자원, 그리고 감정적인 회복력까지 포함한 전방위적인 준비
상태를 의미한다.

많은 사람들이 큰 꿈을 말하지만, 실제로는 그 꿈을 위해 감당해야 할 과
정과 대가에 대해 깊이 생각하지 않는다. 성공은 대가 없이 오지 않는다.
새로운 기술을 배우기 위해 시간을 내야 하고, 실패를 감당할 멘탈을 키워
야 하며, 때로는 편안함과 안정성을 내려놓아야 한다. '나는 어디까지 갈
준비가 되어 있는가?'라는 질문은 바로 이 대가를 받아들일 준비가 되어 있
는지 묻는 것이다.

나는 슈퍼자기경영과 슈퍼사업경영 이론을 다듬는 과정에서, 수많은 갈림길 앞에 섰다. 어떤 길은 더 쉬워 보였지만 사명과 맞지 않았고, 어떤 길은 힘들었지만 내 비전과 일치했다. 그리고 나는 후자를 선택했다. 그 선택이 가능했던 이유는, 내가 어디까지 갈 준비가 되어 있는지를 스스로 점검해 왔기 때문이다.

이 질문에 대한 솔직한 답은 당신의 전략과 실행 방식을 바꿀 수 있다. 준비가 덜 되어 있다면, 먼저 체력을 키우고, 지식을 쌓고, 필요한 자원을 확보하는 데 집중해야 한다. 준비가 되어 있다면, 지금이 바로 전력을 다해 나아가야 할 시점이다.

이제 종이에 써 보자. "내가 목표를 위해 감당할 수 있는 시간, 자원, 노력, 희생은 어디까지인가?" 이 답이 당신이 실제로 도달할 수 있는 거리와 속도를 결정할 것이다.

"내가 매일 반복하고 있는 건 무엇인가?"

당신의 오늘은 어제의 반복이고, 내일은 오늘의 반복이다. 우리가 매일 반복하는 행동이 곧 우리의 현재를 만들고, 미래를 결정한다. 그렇기에 이 질문은 단순한 습관 점검이 아니라, 내 인생의 방향성을 확인하는 절차다.

많은 사람들이 큰 목표를 세우지만, 실제 하루를 들여다보면 그 목표와 전혀 관련 없는 행동으로 시간을 채우는 경우가 많다. 책을 쓰고 싶다고 말하지만 하루에 글 한 줄 쓰지 않고, 건강을 지키고 싶다고 하면서 운동은 미루고, 사업을 성장시키고 싶다고 하면서 시장 분석이나 제품 개선에 시간을 쓰지 않는다. 목표와 일상의 불일치가 계속되면, 그 목표는 결코 현실이 되지 않는다.

나는 직접 슈퍼자기경영과 슈퍼사업경영을 지속적으로 실천하며, 일상의 반복이 나의 정체성을 형성한다는 사실을 절실히 느꼈다. 매일 아침 일찍 일어나 독서를 하고, 하루 일정의 우선순위를 정하고, 반드시 운동을 했다. 또, 매일 새로운 사람을 만나 대화를 나누거나, 과거에 만난 사람과의 관계를 이어갔다. 이런 반복이 쌓여 나의 지식과 체력, 네트워크가 강화되었고, 그것이 곧 나의 성과로 이어졌다.

이 질문은 당신의 현재 루틴이 목표와 일치하는지 확인하게 해준다. 만약 그렇지 않다면, 당장 작은 변화부터 시작해야 한다. 매일의 반복을 바꾸지 않으면, 아무리 좋은 전략과 계획이 있어도 결과는 달라지지 않는다.

오늘부터 종이에 적어보자. "나는 오늘 무엇을 반복했는가?" 그리고 그 목록을 보고 스스로에게 묻자. "이 반복은 내가 원하는 미래로 나를 데려다 줄 것인가?"

"오늘, 내가 깨우고 싶은 슈퍼아이콘은 누구인가?"

슈퍼아이콘은 먼 미래의 이상적인 내가 아니라, 지금 이 순간 깨어날 수 있는 나의 또 다른 모습이다. 사람들은 종종 '언젠가'라는 단어 뒤에 꿈과 목표를 숨긴다. 언젠가 시간이 나면, 언젠가 돈이 생기면, 언젠가 준비가 되면… 하지만 '언젠가'는 결코 스스로 찾아오지 않는다. 슈퍼아이콘을 깨우는 시점은 언제나 오늘이어야 한다.

나는 슈퍼자기경영과 슈퍼사업경영 이론을 전파하며, 수많은 사람들에게 이 질문을 던져왔다. "오늘, 당신 안의 슈퍼아이콘은 무엇을 할 준비가 되어 있는가?" 놀랍게도, 대부분의 사람들은 큰 그림은 그려놓고도 오늘 당장 실행할 작은 한 걸음을 떠올리지 못했다. 그러나 슈퍼아이콘은 하루하루의 작은 행동에서 깨어난다. 책 한 페이지를 읽는 것, 중요한 전화를 거는 것, 미뤄왔던 일을 착수하는 것—이런 사소한 실행들이 쌓여 결국 거대한 변화를 만든다.

오늘 내가 깨우고 싶은 슈퍼아이콘은, 완벽하지 않아도 시작하는 나, 두려움이 있어도 도전하는 나, 실패해도 다시 일어나는 나일 수 있다. 중요한 건, 그 슈퍼아이콘을 오늘 불러내는 것이다. 내일이 아니라, 다음 달이 아니라, 바로 지금.

이 질문을 매일 아침 스스로에게 던져보라. "오늘, 내가 깨우고 싶은 슈퍼아이콘은 누구인가?" 그리고 그 답에 맞는 행동을 단 하나라도 실행하라. 그렇게 쌓아 올리면, 언젠가 깨닫게 될 것이다. 그동안 찾아 헤매던 슈퍼아이콘은 멀리 있던 것이 아니라, 매일의 당신 속에 있었다는 사실을.

4장

함께 가자

: 독자에게 보내는 초대장

> "빨리 가려면 혼자 가고, 멀리 가고 싶다면 함께 가라."
>
> - 아프리카 속담

성장은 혼자서도 할 수 있다. 하지만 멀리 가고, 오래가고, 깊이 성장하는 길은 혼자보다 함께일 때 열리기 마련이다. 혼자만의 노력은 때로 빠르게 시작할 수 있지만, 중간에 지치면 멈추게 된다. 반면, 서로의 걸음을 맞추는 동료와 함께라면 넘어져도 다시 일어날 수 있고, 혼자서는 상상하지 못했던 기회와 시너지를 만들어 낼 수 있다.

나는 오랜 시간 다양한 사람들과 슈퍼성장의 여정을 걸어왔다. 강연에서 만난 청중, 워크숍에서 함께한 동료, 협업을 통해 함께 목표를 이루어낸 파트너들…. 그들의 성장은 곧 나의 성장이 되었고, 나의 성장은 다시 그들에게 새로운 자극이 되었다. 이 과정에서 확신하게 된 것이 있다. 함께 성장하는 공동체는, 혼자 성장하는 개인보다 훨씬 더 강력하다는 것이다.

이 장은 당신을 그 공동체로 초대하는 글이다. 당신이 지금 어떤 위치에 있든, 어떤 목표를 가지고 있든, 슈퍼아이콘이 되기 위한 길은 혼자 걸을 필요가 없다. 우리가 서로의 경험과 배움을 나누고, 서로의 도전을 응원하며, 서로의 성장을 가속화할 수 있다면, 그 속도와 깊이는 상상 이상이 될 것이다.

이제, 혼자가 아닌 함께 가는 슈퍼성장의 길로 들어가자.

혼자보다 함께가 더 멀리 간다

혼자서 가는 길은 빠를 수 있다. 결정도 빠르고, 실행도 빠르며, 속도를 내는 데 방해가 적다. 하지만 빠르다고 해서 멀리 갈 수 있는 것은 아니다. 장거리 경주에서는 속도보다 지속력이 중요하고, 그 지속력은 함께하는 사람들에게서 나온다.

나는 여러 번의 도전과 실패, 그리고 재기의 과정을 거치며 이 사실을 절실히 깨달았다. 혼자 모든 것을 감당하려 하면, 성과가 나오기 전 지치거나, 예상치 못한 변수에 무너질 때가 많다. 반대로 나와 같은 방향을 바라보는 사람, 나의 부족한 부분을 채워주는 사람, 서로의 성장을 진심으로 바라는 사람이 곁에 있을 때는 상황이 전혀 다르다. 넘어져도 다시 일어설 수 있고, 내가 보지 못한 길을 열어주는 제안과 조언이 따라온다.

특히 슈퍼성장의 길은 더더욱 그렇다. 개인의 성장과 비즈니스의 성장은 속도보다 '길이'와 '깊이'가 중요하다. 슈퍼자기경영과 슈퍼사업경영이라는 구조 안에서도, 혼자가 아닌 함께하는 네트워크가 있을 때 실행력이 배가되고, 아이디어가 빠르게 검증되며, 실패의 리스크가 분산된다.

결국 혼자보다 함께가 더 멀리 간다. 나 혼자의 힘으로 할 수 있는 일에는 한계가 있지만, 뜻을 같이하는 사람들과 함께라면 그 한계를 훨씬 넘어설 수 있다. 그래서 나는 언제나 성장의 길을 혼자 걷지 않는 것을 원칙으로 삼는다. 그리고 이 원칙이 나를 여러 번의 위기에서 다시 일으켜 세웠다.

성장하는 사람들 곁에 있으라

어떤 사람과 시간을 보내느냐는 당신의 성장 속도와 방향을 결정짓는다. 성장하는 사람 곁에 있으면 그들의 태도, 생각, 행동이 자연스럽게 전염된다. 반대로, 변화를 두려워하고 현실에 안주하는 사람들 속에 오래 머물면 나도 모르게 그 흐름에 젖어 들어, 도전과 성장을 멈추게 된다.

나는 다양한 사람들과의 만남과 경험 속에서 삶을 배워왔다. 그중 가장 인상 깊었던 사람들은 단순히 '성공한 사람'이 아니라, 계속 배우고, 시도하고, 개선하는 사람이었다. 그들은 성과를 내고 난 뒤에도 멈추지 않았고, 실패를 경험한 뒤에도 그 안에서 배움을 찾아냈다. 이런 사람들과 대화를 나누면, 한 시간이 하루를 바꾸고, 하루가 평생을 바꾸는 계기가 되기도 한다.

성장하는 사람들과 함께한다는 것은 단순히 좋은 자극을 받는 것을 넘어, 나의 사고와 행동 패턴을 근본적으로 바꾸는 일이다. 그들의 언어, 문제를 대하는 방식, 기회를 포착하는 감각이 나의 것으로 스며들면서, 내가 가진 잠재력이 더 빠르게 발현된다.

만약 지금 곁에 그런 사람이 없다면, 적극적으로 찾아 나서야 한다. 책과 강연, 모임과 네트워크, 온라인 커뮤니티—방법은 다양하다. 중요한 건, 성장의 에너지가 흐르는 곳에 나를 두는 것이다. 그곳에서 나도 그 흐름의 일부가 된다.

슈퍼아이콘 커뮤니티에 당신을 초대합니다

슈퍼성장은 혼자서는 오래 지속하기 어렵다. 목표를 향해 나아가는 길에는 반드시 기복이 있고, 때로는 외부 환경의 변화나 내적인 한계에 부딪히는 순간이 온다. 그럴 때 옆에서 손을 내밀어 주고, 다시 일어서도록 도와주는 사람들이 필요하다. 그 사람들이 바로 커뮤니티다.

나는 비슷한 비전과 목표를 가진 사람들끼리 모였을 때, 놀라운 변화가 일어나는 장면을 여러 번 목격했다. 혼자서는 풀지 못했던 문제가 누군가의 전혀 다른 시각으로 해결의 실마리를 찾았고, 막혀 있던 아이디어가 다른 사람의 경험에서 뜻밖의 돌파구를 얻기도 했다. 무엇보다, 서로의 성장을 진심으로 축하하는 분위기 속에서 개인의 자신감과 실행력이 눈에 띄게 올라갔다.

슈퍼아이콘 커뮤니티는 단순한 네트워크가 아니다. 이곳은 각자의 사명과 비전을 명확히 하고, 그것을 실행으로 옮기며, 서로의 성과와 배움을 나누는 장이다. 강연과 워크숍, 프로젝트 협업, 멘토링과 피드백이 이어지고, 때로는 한 사람의 도전이 다른 사람의 변화를 촉발한다.

이 책을 읽고 있는 당신에게도 이 커뮤니티의 문은 열려 있다. 여기에 들어온다는 것은 단순히 새로운 사람을 만난다는 의미가 아니다. 당신의 슈퍼성장을 함께 설계하고, 실행하며, 완성할 동료를 얻게 된다는 뜻이다.

실패도 공유하면 경험이 되고, 경험은 자산이 된다

많은 사람들은 실패를 감추고 싶어 한다. 체면이 깎일까 두렵고, 다른 사람들의 평가가 두려워서 실패 이야기는 마음속 깊이 묻어둔다. 하지만 나는 수많은 현장에서 깨달았다. 실패를 나누는 순간, 그 실패는 단순한 상처가 아니라 모두의 자산이 된다.

커뮤니티 안에서 실패담은 귀중한 학습 자료다. 누군가의 시행착오를 통해 우리는 같은 함정을 피할 수 있고, 다른 접근 방식을 배울 수 있다. 실패의 원인을 함께 분석하면서, 새로운 아이디어나 대안을 떠올리기도 한다. 무엇보다, 실패를 공유하는 용기 자체가 신뢰를 만든다. 그 신뢰가 깊어질수록, 서로의 피드백은 더 솔직해지고, 실행은 더 빨라진다.

나 역시 여러 번의 도전에서 크고 작은 실패를 겪었다. 하지만 그 경험을 감추지 않고 나누었을 때, 뜻밖에도 많은 사람들이 "그 이야기를 듣고 용기를 얻었다"고 말했다. 실패를 솔직히 공유하면, 그것이 누군가에게는 도전의 촉매제가 되고, 또 다른 누군가에게는 전략을 수정하는 계기가 된다.

성장의 길에서는 성공보다 실패가 더 많은 경우가 많다. 중요한 건, 그 실패를 어떻게 다루느냐이다. 혼자 감당하면 부담이지만, 함께 나누면 경험이 되고, 그 경험은 시간이 지나면서 모두의 성장 자산이 된다. 성공을 나누는 공동체보다, 실패까지 나누는 공동체가 더 강하다.

지금, 당신이 다음 슈퍼아이콘입니다

슈퍼아이콘은 특별한 몇몇 사람만의 이름이 아니다. 거창한 성공을 거둔 사람, 세상에 널리 알려진 사람만을 뜻하지 않는다. 자신의 사명과 비전을 분명히 하고, 그 길을 포기하지 않고 걸어가는 사람이라면 누구든 슈퍼아이콘이 될 수 있다. 그리고 그 여정은 바로 오늘, 이 자리에서 시작될 수 있다.

많은 사람들이 "준비가 되면 시작하겠다"고 말한다. 하지만 나는 지난 수십 년의 경험을 통해 깨달았다. 준비는 완벽하게 끝나지 않는다. 오히려 실행을 시작해야 준비가 갖춰지고, 한 걸음을 내디뎌야 길이 보인다. 슈퍼아이콘이 되는 길도 마찬가지다. 이 책을 읽는 지금 이 순간, 이미 당신 안에는 그 잠재력이 깨어날 준비를 하고 있다.

이제 중요한 건 결심이다. 오늘부터 당신의 일상에 슈퍼자기경영과 슈퍼사업경영의 원리를 하나씩 적용해 보자. 작은 습관 하나, 한 번의 도전, 한 번의 선택이 당신을 어제와 다른 사람으로 만든다. 그리고 그 변화가 쌓이면, 어느 날 주변 사람들이 말할 것이다. "당신이 바로 슈퍼아이콘이네요."

나는 지금 이 책을 통해 당신에게 전한다. 지금, 당신이 다음 슈퍼아이콘이다. 당신의 여정이 이미 시작되었고, 우리는 그 길을 함께 걸어갈 것이다.

5장

나만의 선언문을 쓰라

: SuperIcon Declaration

"말은 씨가 되고, 씨는 결국 슈퍼아이콘이 된다."

- 저자

인생과 비즈니스의 여정에서 가장 중요한 순간은 '방향'을 정하는 순간이다. 하지만 방향을 마음속으로만 품어두면, 바쁜 일상과 예기치 못한 변수 속에서 쉽게 흐려진다. 그래서 나는 늘 결정적인 시점마다 '선언문'을 작성해 왔다. 선언문은 단순한 문장이 아니라, 내가 어디로 가야 하는지, 무엇을 지켜야 하는지, 어떤 목표를 향해 나아갈지를 스스로에게 명확히 각인시키는 도구다.

선언문은 나의 의도를 눈에 보이는 형태로 고정시킨다. 말과 글로 표현된 목표는 무의식 속 깊이 새겨지고, 매일의 선택과 행동을 그 방향으로 이끌어 준다. 선언이 없다면 우리는 외부 환경에 휘둘리며 우연한 길을 걷게 되지만, 선언이 있으면 그 길은 의도적으로 설계된 여정이 된다.

이 장은 당신이 직접 '나만의 슈퍼아이콘 선언문'을 만드는 자리다. 지금까지 배운 슈퍼자기경영과 슈퍼사업경영의 원리를 당신만의 언어로 압축해 보라. 사명, 신조, 역량, 관계, 사회적 가치—이 모든 것을 한 장의 선언문에 담아내면, 그것은 앞으로 당신의 인생과 비즈니스를 이끄는 가장 강력한 나침반이 될 것이다.

말이 씨가 된다, 선언이 인생을 바꾼다

인생의 전환점은 언제나 '결심'에서 비롯된다. 그러나 결심은 마음속에만 머물러서는 힘을 발휘하지 못한다. 그것이 말로, 글로, 그리고 '선언'이라는 형태로 외부화될 때 비로소 현실을 움직이는 동력이 된다. 말은 단순한 소리가 아니다. 마음 깊은 곳의 신념을 세상과 나 자신에게 동시에 각인시키는 강력한 도구다. 나 역시 수많은 순간, 선언을 통해 스스로를 다잡았고, 흐트러질 때마다 다시 중심을 찾았다.

"나는 슈퍼아이콘이 되기로 했다."

이 문장은 단순한 책 제목이 아니었다. 나에게는 선언이었고, 각성이었으며, 매일 아침 거울 앞에서 자신에게 건네는 약속이었다. 말은 방향을 만든다. 말은 행동을 부른다. 말은 내가 어디로 갈 것인지 결정하는 나침반이자, 그 길을 끝까지 가게 하는 연료다. 그래서 말은 결국 씨가 된다. 내가 어떤 말을 심느냐에 따라, 인생이라는 밭에서 어떤 열매가 맺히는지가 결정된다.

삶은 생각대로 되지 않지만, 선언대로는 움직인다. 자신이 누구인지, 어떤 가치를 지향하는지, 어디로 향하고 싶은지를 분명하게 말로 표현한 사람은 쉽게 흐려지지 않는다. 설령 잠시 흔들리더라도, 선언은 나를 다시 제자리로 데려오는 안전핀이 된다. 그러니 지금 이 자리에서 선언하라. 당신의 말이 곧 당신의 내일이 될 것이다.

나는 어떤 삶을 살고 싶은가?

선언문은 내가 원하는 삶의 모습을 분명히 그리는 것에서 시작된다. 이 질문은 단순해 보이지만, 막상 깊이 생각해 보면 대답하기 쉽지 않다. 우리는 종종 눈앞의 일과 생존에 매몰되어, 내가 진짜 원하는 삶이 무엇인지조차 잊고 살아간다. 그 결과, 원하는 삶이 아니라 주어진 환경이 허락하는 삶을 살게 된다.

나 역시 한때는 '어떤 삶을 살고 싶은가?'라는 질문에 막연하게만 답했다. 성공, 여유, 인정 같은 단어만 반복했다. 하지만 그건 목표가 아니라 추상적인 욕망에 불과했다. 진짜 변화는 내가 하루를 어떻게 보내고 싶은지, 누구와 함께 있고 싶은지, 어떤 일을 하며 어떤 감정을 느끼고 싶은지를 구체적인 장면으로 그렸을 때 시작됐다.

아침에 눈을 뜨는 순간부터 하루를 마무리하는 시간까지의 모습을 상상해 보라. 해가 뜨기 전 조용히 책상 앞에 앉아 글을 쓰는 나, 건강한 식사를 마친 뒤 활기차게 강연하는 나, 저녁에는 사랑하는 사람들과 함께 웃으며 하루를 정리하는 나. 이런 장면들이 모여 내가 살고 싶은 삶의 윤곽을 만든다.

당신의 선언문에는 이렇게 시작해도 좋다.

"나는 매일이 기대되는 삶을 살겠다."

"나는 내가 사랑하는 일과 사람들로 하루를 채우겠다."

이 한 문장이 앞으로 당신의 모든 선택과 행동을 이끌어 줄 나침반이 될 것이다.

나의 신조는 무엇인가?

신조는 어떤 상황에서도 변하지 않는 나만의 기준이다. 환경이 바뀌고, 계획이 틀어지고, 예상치 못한 유혹과 압박이 다가와도 끝까지 붙잡고 갈 수 있는 원칙. 그것이 있어야 삶의 방향이 흐트러지지 않는다. 신조가 없는 사람은 상황에 따라 기준이 흔들리고, 순간의 감정이나 주변의 분위기에 휩쓸려 결정을 바꾸곤 한다. 그러나 신조가 있는 사람은 어떤 선택 앞에서도 비교적 짧은 시간 안에 결론을 내린다. 왜냐하면 이미 자신이 지켜야 할 '변하지 않는 선'이 정해져 있기 때문이다.

나 역시 과거에는 상황에 따라 판단이 달라지곤 했다. 단기적인 이익이 보이면 방향을 틀고, 누군가의 설득에 쉽게 흔들렸다. 그러나 내 삶과 비즈니스에 신조를 세운 뒤로는 모든 결정이 훨씬 단순해졌다. 그 신조는 단순한 문장 한 줄이었지만, 모든 행동과 관계, 선택의 필터가 되었다.

신조는 화려할 필요가 없다. 중요한 건 짧고 선명하며, 행동으로 옮길 수 있어야 한다는 것이다.

예를 들어,

"정직하게 벌고, 당당하게 쓰며, 기꺼이 나눈다."

"사람을 먼저 생각한다."

이렇게 적어두면, 순간의 혼란 속에서도 그 문장이 나를 붙잡아 준다.

당신의 선언문에도 반드시 이 한 줄을 넣어라. 신조는 당신의 하루를 지탱하는 기둥이자, 인생 전반을 흔들림 없이 이끄는 중심축이 될 것이다.

내가 키우고 싶은 역량은 무엇인가?

삶과 비즈니스의 성장은 우연히 찾아오지 않는다. 그것은 의도적인 선택과 훈련에서 비롯된다. 내가 앞으로 어떤 사람이 될 것인지는, 결국 어떤 역량을 의도적으로 키우느냐에 달려 있다. 그러나 많은 사람들은 매일 바쁘게 살아가면서도 정작 무엇을 강화할지를 깊이 생각하지 않는다. 그렇게 방향 없는 노력은 쉽게 지치고, 성과도 흐릿해진다.

나의 경우, 인생의 여러 전환점을 거치면서 깨달았다. 한 번의 기회로 모든 것이 바뀌는 것이 아니라, 매일 쌓아 올린 역량이 나를 원하는 곳으로 데려간다는 것을. 그래서 나는 슈퍼자기경영과 슈퍼사업경영 이론을 정립하고 발전시키는 과정에서 필요한 역량을 구체적으로 목록화했다. 글쓰기, 강의력, 기획력, 브랜드 설계, 그리고 사람과의 연결 능력 같은 것들이다.

이 역량들은 단기 성과뿐 아니라 장기적인 브랜드 가치와도 직결됐다.

당신도 선언문에 '앞으로 집중적으로 키울 역량'을 적어두자.

예를 들어,

"나는 매년 최소 두 개의 새로운 기술을 익히겠다."

"나는 매일 글을 쓰고, 매달 강연을 준비하며, 내 메시지를 다듬겠다."

이처럼 구체적이고 측정 가능한 형태로 적어야 한다.

역량은 한순간에 완성되지 않는다. 그러나 매일 쌓이면 어느 순간, 그것이 당신의 가장 강력한 경쟁력이 된다. 선언문에 적힌 그 한 줄은 당신을 그 방향으로 움직이게 하는 지속적인 동력이 될 것이다.

어떤 관계를 맺고, 어떤 사회적 가치를 실현할 것인가?

관계는 단순한 인간관계 이상의 의미를 가진다. 그것은 내가 어떤 환경에서 성장할 수 있는지를 결정하는 토양이자, 위기 속에서 나를 붙잡아 주는 안전망이다. 누구와 시간을 보내고, 어떤 공동체와 연결되어 있는지가 내 생각과 행동, 나아가 삶의 방향까지 바꿔 놓는다. 그래서 선언문에는 반드시 어떤 사람들과 연결되고 싶은지, 어떤 관계를 맺고 싶은지를 명시해야 한다.

나의 경우, 기자로 활동하며 수많은 사람을 만났고, 그 과정에서 다양한 분야의 리더, 창업가, 전문가들과 깊이 연결될 수 있었다. 이 경험은 단순한 취재를 넘어, 배움과 영감을 주고받는 장이 되었으며, 훗날 슈퍼아이콘 이론을 세우는 데 중요한 자양분이 되었다. 좋은 관계는 나를 성장시키고, 또 내가 누군가의 성장에 기여할 기회를 제공한다.

사회적 가치를 실현하는 관계는 단순히 이익을 주고받는 네트워크와 다르다. 그것은 내가 가진 자원과 역량을 통해 주변 사람과 공동체에 긍정적인 변화를 만드는 것이다. 직원 한 명이 더 성장하도록 돕는 것, 지역사회의 청년 창업을 지원하는 것, 고객의 삶을 개선하는 제품과 서비스를 제공하는 것—이 모든 것이 사회적 가치 실현이다.

당신의 선언문에 이렇게 적어보라.
"나는 성장하는 사람들과 함께하며, 배움을 나누고, 내가 속한 공동체에 긍정적인 변화를 만든다."
이 한 줄이 나와 세상을 연결하는 다리가 되고, 장기적으로는 나의 브랜드와 신뢰를 가장 단단히 지탱해 줄 것이다.

슈퍼아이콘의 기준은?

슈퍼아이콘은 단순히 높은 성과를 내는 사람이 아니다. 잠깐의 성공이 아니라, 오랜 시간 동안 자신의 사명과 비전을 잃지 않고 성장과 나눔을 동시에 실천하는 사람이다. 그들은 목표를 달성하는 데 그치지 않고, 그 과정에서 자신만의 철학과 기준을 세상에 증명한다.

나에게 있어 슈퍼아이콘의 기준은 명확하다.

첫째, 사명과 비전이 분명해야 한다. 왜 이 일을 하는지, 어떤 미래를 만들고 싶은지가 뚜렷해야 한다.

둘째, 신조를 지킨다. 상황이 어렵더라도 자신의 원칙을 저버리지 않는다.

셋째, 지속적인 성장을 멈추지 않는다. 변화하는 환경 속에서 배우고, 도전하고, 스스로를 업데이트한다.

넷째, 나눔과 기여를 실천한다. 성장의 열매를 혼자 독점하지 않고, 주변과 사회에 환원한다.

나는 슈퍼자기경영과 슈퍼사업경영이라는 세계 최초의 통합 이론을 만들고, 이를 실천하며 살아왔다. 하지만 그것만으로는 충분하지 않았다. 그 이론을 통해 더 많은 사람들이 자신의 가능성을 발견하고, 인생과 비즈니스를 스스로 경영하게 만드는 것, 그것이 내가 세운 슈퍼아이콘의 기준이었다.

당신도 선언문에 이렇게 적어보라.

"나는 사명과 비전, 신조, 성장, 나눔을 통해 내 삶과 세상에 긍정적인 흔적을 남기는 슈퍼아이콘이 되겠다."

이 한 줄은 당신이 앞으로 걸어갈 길을 잃지 않게 해줄 나침반이 될 것이다.

"나는 슈퍼아이콘이 되기로 했다"

이 한 문장은 나의 과거, 현재, 미래를 모두 담고 있다. "나는 슈퍼아이콘이 되기로 했다"는 말은 단순한 목표 선언이 아니라, 내가 어떤 사람으로 살아가겠다는 존재 선언이다. 그리고 그 순간부터 내 모든 선택과 행동은 이 문장을 기준으로 정렬되었다.

나는 더 이상 막연한 꿈을 꾸지 않는다. 슈퍼아이콘이 되기로 한 순간, 나는 매일의 루틴과 관계, 배움과 도전, 그리고 나눔의 방식을 바꿨다. 힘든 상황에서도 포기하지 않는 이유, 성공에 취하지 않는 이유, 그리고 더 많은 사람에게 이 길을 전하고 싶은 이유—그 모든 답이 이 한 문장 안에 있다.

이 선언은 나 자신과의 약속이며, 세상과의 약속이다. 누가 알아주지 않아도, 당장의 성과가 없어도, 나는 이 길을 간다. 왜냐하면 슈퍼아이콘이란 결국 스스로를 경영하며, 세상에 의미 있는 가치를 남기는 사람이고, 나는 그 길을 이미 선택했기 때문이다.

이제 당신 차례다. 당신도 스스로에게 선포하라.

"나는 슈퍼아이콘이 되기로 했다."

이 한 줄이 당신의 다음 10년, 그리고 그 이후의 모든 날들을 바꿀 것이다.

당신 안의
슈퍼아이콘을 깨워라

책을 집필하며 나는 지난 시간을 되돌아보았다. 실패와 재기의 반복, 끝없는 질문과 실험, 그리고 그 속에서 피어난 깨달음들. 때로는 버겁게, 때로는 홀로 걸었던 그 길 위에서 나는 한 가지 사실을 확신하게 됐다. 모든 사람 안에는 '슈퍼아이콘'이 존재한다는 것이다.

슈퍼아이콘은 특별한 재능이나 타고난 환경에서만 만들어지는 것이 아니다. 그것은 사명과 비전을 세우고, 신조를 지키며, 매일의 루틴과 작은 선택들을 통해 차곡차곡 빚어지는 존재다. 그 과정은 화려하지 않고, 때로는 느리지만, 결국 한 사람의 인생과 비즈니스를 완전히 다른 차원으로 끌어올린다.

나는 슈퍼자기경영과 슈퍼사업경영이라는 두 개의 모델을 만들었고, 그것을 나 자신의 삶과 일터에 적용하며 검증했다. 그리고 수많은 사람들에게 전하며, 그 변화의 과정을 함께 지켜보았다. 그 경험을 통해 깨달은 것은 단 하나─누구나 준비만 한다면, 자기만의 슈퍼아이콘이 될 수 있다는 것이었다.

이 책은 당신이 그 여정을 시작하도록 돕기 위해 썼다. 여기 담긴 원칙과 방법, 사례와 질문들은 단순한 지식이 아니라, 내가 직접 살아내고 부딪히며 얻은 결과물이다. 그러나 이 책의 가치는 여기서 끝나지 않는다. 진짜 가치는 이 책을 덮은 뒤, 당신이 무엇을 시작하는가에 달려 있다.

혹시 지금 당신의 현실이 불안정하거나, 길이 보이지 않더라도 괜찮다. 슈퍼아이콘이 되는 길은 한 번에 완성되지 않는다. 중요한 건 오늘 한 걸음을 내딛는 것이다. 사명을 적고, 신조를 세우고, 매일 작은 행동을 실천하는 것. 그 단순한 반복이 쌓여, 어느 날 문득 당신은 전혀 다른 높이에서 세상을 바라보게 될 것이다.

마지막으로, 나 자신에게 했던 선언을 당신에게도 건네고 싶다.
"나는 슈퍼아이콘이 되기로 했다."
이제 이 문장을 당신의 언어로 바꾸어, 당신의 삶과 비즈니스에 새겨 넣어라. 그리고 그 선언이 현실이 되는 과정을 즐겨라.

당신 안의 슈퍼아이콘이 깨어나는 순간, 세상은 더 나은 방향으로 변화하기 시작할 것이다.
그리고 그 여정을 이렇게 한 편의 시로 남긴다.

나는, 나를 다시 짓는다

무너진 자리에서
나는 다시 주춧돌을 놓는다.

어제의 후회도,
오늘의 두려움도,
내일의 설계도 속에 녹여
나는 나를 다시 짓는다.

작지만 단단한 신념 하나,
보이지 않아도 꺾이지 않는 루틴 하나,
그 모든 것이
나라는 집의 기둥이 된다.

세상은 말한다.
"너는 평범해, 너는 부족해."

나는 말한다.
"나는 슈퍼아이콘이 되기로 했다."

그 순간,

나의 세계가 바뀐다.

나의 선택이,

나의 성장이,

누군가의 길이 된다.

그리고,

세상도 바뀌기 시작한다.

BE THE
SUPER
ICON

부록 1

슈퍼아이콘
실천 도구

1) 슈퍼자기경영(Life Value House, LVH)

: 인생을 명품처럼 짓는 자기경영 모델

슈퍼자기경영은 인생을 하나의 건축물로 보고, 기초부터 마감까지 치밀하게 설계하고 완성하는 자기경영 모델이다. MBA(경영학 석사)에서 배우는 전략·조직·재무·마케팅의 원리를 개인의 삶에 맞게 재해석·승화시킨 세계 최초이자 최고의 자기경영 이론으로, 기업의 지속가능한 성장 원칙을 개인의 인생 설계에 적용한 구조다.

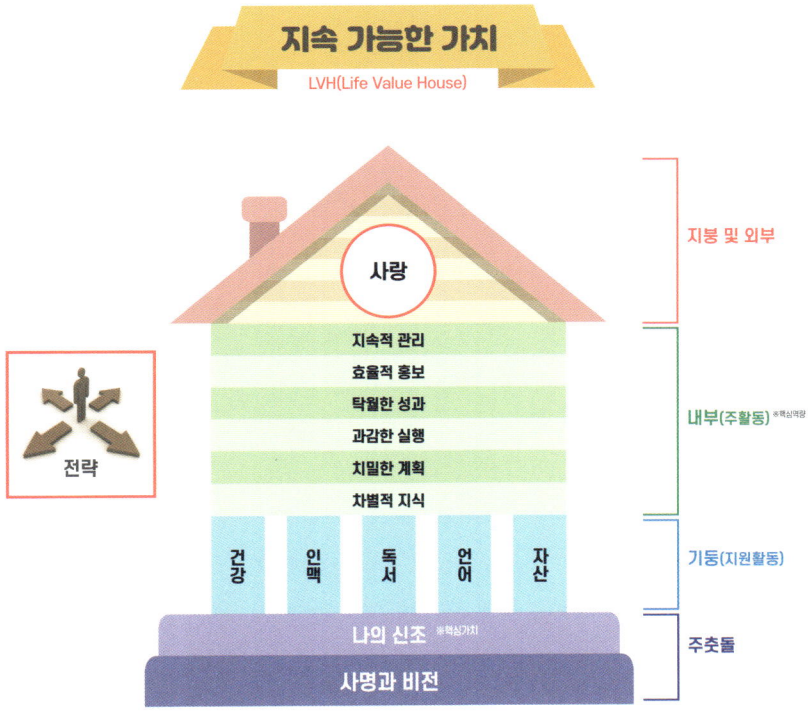

<슈퍼자기경영(Life Value House, LVH)>

나는 슈퍼아이콘이 되기로 했다

슈퍼자기경영은 다음과 같은 4단계로 구성된다.

① 주춧돌(Cornerstone)

인생의 방향과 균형을 잡아주는 핵심 기초 단계. 사명과 비전, 그리고 개인의 신조 그리고 환경 변화에 대응하는 전략을 세운다. 주춧돌이 단단하지 않으면 그 위에 세우는 모든 구조가 흔들린다.

② 기둥(Pillars)

주춧돌 위에 삶을 떠받치는 기둥을 세우는 단계. 건강, 인맥, 독서, 언어, 자산이라는 다섯 가지 핵심 자원이 여기에 해당한다. 기둥이 튼튼해야 인생이라는 건물이 안정적으로 버틸 수 있다.

③ 내부(Interior)

차별적 역량과 실행력을 기반으로 성과와 브랜드를 만드는 단계. 차별적 지식, 치밀한 계획, 과감한 실행, 탁월한 성과, 효율적 홍보, 지속적 관리가 유기적으로 연결되어야 한다.

④ 지붕과 외부(Roof & Exterior)

지속가능한 삶을 완성하는 단계. 사랑과 가치 실현을 통해 개인과 타인, 그리고 공동체가 함께 성장하는 선순환 구조를 만든다.

슈퍼자기경영은 '명품 건축물'에 비유된다. 이는 단순히 오래가는 구조물이어서가 아니라, 시간이 지날수록 가치가 깊어지고, 그 안에서 사는 사람에게 지속적인 감동과 만족을 주는 삶을 설계하기 때문이다.

직업, 나이, 환경에 상관없이 누구나 슈퍼자기경영 이론을 활용해 자신만의 명품 같은 인생을 지을 수 있다. 이 모델은 감에 의존하지 않고, 구조와 원칙에 기반한 체계적인 자기경영을 가능하게 하는 실전형 설계도다.

2) 슈퍼사업경영(Business Value House, BVH)
: 비즈니스를 명작처럼 짓는 사업경영 모델

슈퍼사업경영은 비즈니스를 하나의 명작 건축물처럼 설계하고 완성하는 사업경영 모델이다. 수많은 기업 사례와 MBA(경영학 석사)에서 다루는 전략·조직·재무·마케팅 이론을 집대성하여, 지속가능하고 경쟁 우위를 유지하는 사업 구조를 체계적으로 설계하도록 만든 모델이다.

<슈퍼사업경영(Business Value House, BVH)>

나는 슈퍼아이콘이 되기로 했다

슈퍼사업경영은 다음과 같은 4단계로 구성된다.

① 주춧돌(Cornerstone)

사업의 방향과 정체성을 결정하는 기초 단계. 사명과 비전, 기업의 신조 그리고 환경 변화에 대응하는 전략을 세운다. 주춧돌이 견고해야 외부 충격에도 흔들리지 않는 사업을 운영할 수 있다.

② 기둥(Pillars)

주춧돌 위에 사업을 지탱하는 5개의 기둥을 세운다. 문화, 사람, 정보, 체계, 자산이 이에 해당한다. 조직의 정신과 가치관을 확립하고, 핵심 인재를 확보하며, 데이터 기반 의사결정을 수행하고, 효율적인 시스템을 구축하며, 안정적인 재무 기반을 마련해야 한다.

③ 내부(Interior)

차별성과 실행력을 기반으로 시장에서 인정받는 성과와 브랜드를 구축하는 단계. 차별적 기술, 치밀한 공급, 과감한 생산, 탁월한 제품, 효율적 홍보, 지속적 관리가 유기적으로 연결되어야 한다.

④ 지붕과 외부(Roof & Exterior)

지속가능한 경영을 완성하는 단계. 사랑과 가치 실현을 통해 고객, 직원, 지역사회, 환경과의 신뢰를 강화하며, 사회적 책임을 수행하는 기업 문화를 확립한다.

슈퍼사업경영은 단기적인 매출 증대만이 아니라, 오랜 시간 동안 시장에서 사랑받고 신뢰받는 '명작 브랜드'를 만드는 것을 목표로 한다. 이 모델은 업종, 규모, 시장 환경과 관계없이 적용할 수 있으며, 경영 전반을 안정성과 성장성 모두를 갖춘 구조로 재설계하도록 돕는다.

3) 슈퍼아이콘 자기진단 체크리스트

이 자기진단 체크리스트는 슈퍼자기경영과 슈퍼사업경영 모델을 바탕으로, 현재 자신의 삶과 비즈니스 상태를 객관적으로 점검할 수 있도록 설계되었다. 각 항목에 대해 1~5점(1점: 전혀 아니다, 5점: 매우 그렇다)으로 평가하면, 강점과 보완할 영역을 한눈에 파악할 수 있다.

① 슈퍼자기경영: 자기경영 영역

주춧돌(Cornerstone)

• 나는 나만의 사명과 장기적인 비전을 가지고 있다. (　　)

• 어떤 상황에서도 변하지 않는 신조가 있다. (　　)

• 상황에 맞게 유연하게 움직이는 전략을 가지고 있다. (　　)

기둥(Pillars)

• 건강을 지키기 위한 꾸준한 루틴이 있다. (　　)

• 신뢰할 수 있는 깊은 인간관계를 유지하고 있다. (　　)

• 매년 일정한 독서량을 채우며 지식을 확장하고 있다. (　　)

• 외국어나 전문 용어 등, 세상과 연결되는 언어 역량을 갖추고 있다. (　　)

• 생활과 미래를 위한 자산을 계획적으로 관리하고 있다. (　　)

내부(Interior)

- 내가 가진 차별적 지식을 명확히 정의할 수 있다. (　　)

- 단기·중기·장기 계획이 구체적으로 세워져 있다. (　　)

- 계획을 실행으로 옮기는 속도가 빠르다. (　　)

- 결과로 성과를 증명한 경험이 있다. (　　)

- 나와 내 활동을 효과적으로 홍보하고 있다. (　　)

- 성과를 유지·발전시키는 관리 시스템이 있다. (　　)

지붕과 외부(Roof & Exterior)

- 주변 사람과 공동체를 돌보는 사랑을 실천하고 있다. (　　)

- 내가 세운 사명과 가치를 통해 사회에 기여하고 있다. (　　)

② 슈퍼사업경영: 사업경영 영역

주춧돌(Cornerstone)

- 사업의 사명과 비전을 명확히 정의했다. (　　)

- 기업의 핵심가치와 신조를 문서화했다. (　　)

- 환경 변화에 대응하는 전략을 수립하고 있다. (　　)

기둥(Pillars)

- 조직 문화가 명확히 정립되어 있다. (　　)

- 핵심 인재를 확보하고 유지하고 있다. (　　)

- 데이터 기반의 의사결정을 하고 있다. (　　)

- 업무 체계와 프로세스가 효율적으로 작동한다. (   )
- 안정적인 재무 구조를 갖추고 있다. (   )

내부(Interior)

- 차별적 기술이나 경쟁 우위를 보유하고 있다. (   )
- 생산에 필요한 자원을 안정적으로 공급받고 있다. (   )
- 품질과 속도를 균형 있게 유지하며 생산한다. (   )
- 고객에게 탁월한 경험을 제공하는 제품·서비스를 보유하고 있다. (   )
- 효과적인 마케팅·홍보 전략을 실행하고 있다. (   )
- 브랜드와 사업을 지속적으로 관리하고 있다. (   )

지붕과 외부(Roof & Exterior)

- 고객, 직원, 사회와의 신뢰를 유지·강화하고 있다. (   )
- 기업 활동이 사회적 가치 실현과 연결되어 있다. (   )

활용 방법

- 각 항목을 1~5점으로 평가한 후, 각 영역별 점수를 합산한다.
- 점수가 낮은 영역은 개선이 시급한 부분이므로, 해당 단계의 슈퍼자기경영 또는 슈퍼사업경영 전략을 우선 적용한다.
- 일정 기간(예: 6개월~1년) 후 다시 체크리스트를 작성하여 변화를 추적한다.

BE THE
SUPER
ICON

부록 2

슈퍼아이콘
실천 프로그램

SIU

슈퍼아이콘 실천 프로그램은 AI 시대를 선도할 글로벌 인재와 혁신 리더를 양성하기 위해 설계된 실천형 교육 · 네트워크 플랫폼이다. 스타터, 성장, 최고위 3단계 과정과 더불어 AI 리더십 페스티벌, 혁신리더 대상, 총동문회를 통해 학습 · 교류 · 실천이 하나로 이어지는 생태계를 구축한다.

1) 슈퍼아이콘 AI 경영 리더십 스타터 과정
: AI 시대를 리드하는 세계적인 인물이 되기 위한 첫걸음

(1) 과정 개요
- 과정명: 슈퍼아이콘 AI 경영 리더십 스타터 과정

(SuperIcon AI Leadership Starter Program, SAIL-SP)
- 목적
  - AI 시대 경영 리더십 개발: 중고등학생들이 AI 기술과 디지털 혁신을 이해하고, AI 시대의 리더로 성장하기 위한 기초 리더십 역량을 배양
  - 슈퍼자기경영 및 슈퍼사업경영 이론 학습: AI 시대에 맞춘 자기관리 및 창의적 비즈니스 사고방식을 배우고, 실질적인 성과를 창출하는 방법 학습
  - 미래를 준비하는 청소년 양성: 창의적 문제 해결력과 팀워크 능력을 길러, 미래의 사회적 리더로 성장할 수 있는 기반 마련
- 대상: 중고등학생
- 기간: 2개월 과정, 주 1회 강의
- 총 강의 횟수: 8회(각 3시간)

(2) 교육 목표

- AI 이해와 활용 능력 개발: 학생들이 AI 기술의 기초를 배우고, 이를 일상 생활과 미래 경영에 어떻게 활용할 수 있는지 학습
- 자기주도적 리더십 개발: AI 시대에 맞춘 자기 혁신 전략을 배우고, 효과적인 자기관리와 목표 설정 방법 학습
- 창의적 사고 및 비즈니스 사고 훈련: A 를 기반으로 한 창의적 비즈니스 모델을 구상하고, 팀워크와 리더십을 통해 성공적인 실행 방법을 경험

(3) 교육 프로그램

구분	강의 주제
1주차	AI 시대에 꿈과 목표를 실현하는 비법: 슈퍼자기경영
2주차	성적을 올리는 집중력 향상 비법: 슈퍼아이콘 마인드 혁명
3주차	AI 시대에 더욱 빛나는 독서와 글쓰기 비법: 슈퍼아이콘 독서 및 글쓰기 혁명
4주차	누구나 발표 전문가가 될 수 있는 스피치 비법: 슈퍼아이콘 스피치 혁명
5주차	AI 시대에 부자가 되는 비법: 슈퍼아이큰 부의 혁명
6주차	AI 이해와 활용 그리고 미래 직업 변화: 슈퍼아이콘 AI 혁명
7주차	AI 시대, 나만의 강점을 극대화하는 법: 슈퍼아이콘 퍼스널 브랜드 혁명
8주차	• AI 시대 대비책 • 내 아이디어로 세상을 바꾸는 비법: 수퍼사업경영

(4) 교수진

- AI 및 디지털 혁신 전문가: 국내외 AI 기 술 및 디지털 전환의 선두주자로서 실무 경험을 갖춘 전문가
- 슈퍼자기경영 및 슈퍼사업경영 이론 개발자 및 전문가: 슈퍼자기경영과 슈퍼사업경영 관련 이론 개발자 및 실무 경험이 풍부한 최고의 전문 강사진

(5) 교육 대상

- AI 시대의 리더로 성장하고자 하는 중고등학생
- 자기 성장과 목표 설정에 관심이 있는 학생
- 창의적 문제 해결력과 학업 성적을 올리고 싶은 학생
- AI 기술과 비즈니스 기초를 배우고 싶은 학생

(6) 신청 방법: SIU(www.supericon.net)에서 신청

(7) 기대 효과

- AI 시대 리더십 기초 역량 강화: 중고등학생들이 AI 시대에 필요한 기초 리더십을 학습하고, 스스로의 목표를 설정할 수 있는 능력 배양
- 창의적 문제 해결 능력 개발: 다양한 비즈니스 상황을 AI 기술과 결합하여 해결하는 창의적 사고력을 향상
- 팀워크 및 협업 역량 강화: 팀 활동을 통해 리더십과 협력의 중요성을 배우고, 실천적인 경험을 쌓음

2) 슈퍼아이콘 AI 경영 리더십 성장 과정
: AI 시대를 리드하는 세계적인 인물로 성장하기

(1) 과정 개요
- 과정명: 슈퍼아이콘 AI 경영 리더십 성장 과정
(SuperIcon AI Leadership Growth Program, SAIL-GP)
- 목적
  - AI 시대 경영 리더십 개발: AI 기술과 디지털 혁신을 기반으로 한 경영 전략을 학습하고, 조직을 선도하는 초 고경영자를 양성
  - 슈퍼자기경영 및 슈퍼사업경영 이론 활용: AI 시대에 맞춘 자기관리 및 사업 혁신 전략을 통해 실질적인 성과를 창출할 수 있는 리더십 역량 강화
- 대상: 대학생 및 취업 준비생, 초기 경력 직장인, 예비 창업자 및 초기 창업자
- 기간: 4개월 과정, 주 1회 강의
- 총 강의 횟수: 16회(각 4시간)

(2) 교육 목표
- AI 이해 및 활용 능력 강화: AI 기술의 이해와 활용 방안을 학습하여 비즈니스 효율성 극대화
- 슈퍼자기경영: AI 시대에 맞춘 자기 혁신 전략을 습득하고, 지속적인 성장을 위한 자기관리 역량 개발

- 슈퍼사업경영: AI 기반 비즈니스 모델 혁신과 지속가능한 경영 전략 수립을 통한 조직의 번영 도모
- 네트워킹 기회 제공: 각계각층의 리더들이 모여 지식 교류와 협력을 통해 새로운 비즈니스 기회를 창출

(3) 교육 프로그램

- 슈퍼자기경영 Super Mini MBA 코스(1 ~ 8주차)

구분	강의 주제
1주차	AI 시대에 꿈과 목표를 실현하는 실천 전략: 슈퍼자기경영
2주차	AI 시대의 독서 혁명: 6분에 1권 읽기, 슈퍼아이콘 독서법
3주차	AI 시대에 성공하기 위한 책 쓰기 비법: 1주일에 1권 쓰기, 슈퍼아이콘 책 쓰기법
4주차	AI 시대의 리더처럼 말하기: 슈퍼아이콘 스피치 혁명
5주차	AI 시대에 부자가 되는 비법: 슈퍼아이콘 부의 혁명
6주차	성공을 앞당기는 AI 활용의 모든 것: 슈퍼아이콘 AI 혁명
7주차	AI 시대에 빛나는 나만의 브랜드 만들기: 슈퍼아이콘 퍼스널 브랜드 혁명
8주차	슈퍼자기경영으로 인생을 빛나게 바꾼 사례 특강

- 슈퍼사업경영 Super Mini MBA 코스(9 ~ 16주차)

구분	강의 주제
9주차	평범한 기업을 유니콘 기업으로 만드는 비법: 슈퍼사업경영 혁명
10주차	성공적인 스타트업 창업 및 경영 전략: 슈퍼아이콘 스타트업 혁명
11주차	AI 기반 업무 및 생산성 향상과 비즈니스 혁신 전략: 슈퍼아이콘 AI 비즈니스 혁명
12주차	AI 시대의 마케팅 비법: 슈퍼아이콘 AI 마케팅 혁명
13주차	스타트업의 독보적 핵심역량 구축 비법과 초격차 사업 계획서 작성법: 슈퍼아이콘 스타트업 혁명
14주차	유니콘 기업으로 도약하는 성공적인 투자 유치의 모든 것: 슈퍼아이콘 투자 혁명
15주차	AI 시대, 리더의 새로운 기준과 지속가능한 조직 성장 전략: 슈퍼아이콘 리더십 혁명
16주차	• AI 시대의 유일무이한 대비책 및 성공 방정식: 슈퍼아이콘 혁명 • 슈퍼사업경영으로 성공한 사례 특강 및 수료식

(4) 교수진

- AI 및 디지털 혁신 전문가: 국내외 AI 기술 및 디지털 전환의 선두주자로서 실무 경험을 갖춘 전문가
- 슈퍼자기경영 및 슈퍼사업경영 이론 개발자 및 전문가: 슈퍼자기경영과 슈퍼사업경영 관련 이론 개발자 및 실무 경험이 풍부한 최고의 전문 강사진
- 경영학 및 리더십 교수진: 국내외 유명 대학의 경영학 및 리더십 전문가들이 참여하여 이론적 뒷받침을 제공

(5) 교육 대상

- 대학생 및 취업 준비생: AI 시대의 리더십과 경영 전략을 배우고 싶어 하는 학생 및 사회 초년생
- 초기 경력 직장인: AI와 디지털 혁신 역량을 강화하여 커리어 성장을 희망하는 직장인
- 예비 창업자 및 초기 창업자: AI 기반의 비즈니스 모델을 구상하거나 초기 사업 성공 전략을 찾는 창업가
- AI 및 경영 리더십에 관심이 있는 개인: 자기 계발과 비즈니스 혁신을 목표로 하는 일반 수강생

(6) 신청 방법: SIU(www.supericon.net)에서 신청

- AI 시대의 경영 리더 양성: AI와 디지털 혁신을 선도할 수 있는 최고위 리더십 역량 강화
- 경영 혁신 촉진: 슈퍼자기경영과 슈퍼사업경영을 통한 기업 및 개인의 성장과 혁신 유도
- 네트워크 확장: 동문 네트워크를 기반으로 비즈니스 협력 기회 제공 및 지속적인 상호 교류

3) 슈퍼아이콘 AI 경영 리더십 최고위 과정
: AI 시대를 리드하는 세계적인 인물로 우뚝 서기

(1) 과정 개요

- 과정명: 슈퍼아이콘 AI 경영 리더십 최고위 과정

(SuperIcon AI Leadership Executive Program, SAIL-EP)

- 목적
  - AI 시대의 경영 리더십 역량 강화: 기업 및 공공기관 임원들이 AI 기술과 디지털 혁신을 이해하고, 이를 조직의 경영에 효과적으로 적용할 수 있는 리더십 역량 배양
  - 슈퍼자기경영 및 슈퍼사업경영 이론 학습: AI 시대에 맞춘 자기관리 및 사업 경영 전략을 학습하여, 실질적인 경영 성과를 창출하는 방법 습득
  - 조직의 지속가능한 성장 전략 개발: 변화하는 AI 시대에 맞춰 조직의 성장 전략을 수립하고, 경쟁력 있는 비즈니스 모델을 창출할 수 있는 역

량 강화

- 대상: 기업체, 공공기관, 교육기관 등의 임원, CEO급 리더, 전문직 리더, 스타트업 창업자 및 경영자
- 기간: 4개월 과정, 주 1회 강의
- 총 강의 횟수: 16회(각 2시간)

(2) 교육 목표

- AI 기술 이해 및 경영 활용: 임원들이 AI 기술의 기초와 비즈니스 적용 방안을 학습하여 조직의 디지털 전환을 이끄는 전략 수립
- 리더십 혁신과 자기관리 역량 개발: 슈퍼자기경영을 통해 임원들의 자기 혁신 역량을 강화하고, 경영 목표 설정과 달성에 필요한 실질적인 방법 습득
- 비즈니스 모델 혁신 및 전략적 경영: 슈퍼사업경영을 통해 새로운 비즈니스 모델을 개발하고, 조직의 경쟁력 향상과 성장 전략을 수립
- 네트워킹 기회 제공: 각계각층의 리더들이 모여 지식 교류와 협력을 통해 새로운 비즈니스 기회를 창출

(3) 교육 프로그램

- 슈퍼자기경영 Super Mini MBA 코스(1 ~ 8주차)

구분	강의 주제
1주차	AI 시대의 경영 리더를 위한 자기 혁신 전략: 슈퍼자기경영
2주차	리더를 위한 독서법: 6분에 1권, 슈퍼아이콘 독서법
3주차	리더를 위한 글쓰기법: 1주일에 1권 쓰기, 슈퍼아이콘 글쓰기법
4주차	경영 리더를 위한 설득력 있는 발표와 스피치 전략: 슈퍼아이콘 스피치 혁명
5주차	AI 시대의 부의 창출과 자산 관리 전략: 슈퍼아이콘 부의 혁명
6주차	AI 기술의 경영 활용과 생산성 혁명: 슈퍼아이콘 AI 혁명
7주차	임원급 리더를 위한 퍼스널 브랜드 구축 전략: 슈퍼아이콘 퍼스널 브랜드 혁명
8주차	성공적인 슈퍼자기경영 사례와 경영 리더십 강화

- 슈퍼사업경영 Super Mini MBA 코스(9 ~ 16주차)

구분	강의 주제
9주차	유니콘 기업을 만드는 경영 전략: 슈퍼사업경영
10주차	AI 기반 혁신 스타트업 경영 전략: 슈퍼아이콘 스타트업 혁명
11주차	AI 기술을 활용한 생산성 향상 및 디지털 전환 전략: 슈퍼아이콘 AI 혁명
12주차	AI 시대의 마케팅 전략과 고객 경험 혁신: 슈퍼아이콘 AI 마케팅 혁명
13주차	성공적인 사업 계획서 작성과 전략적 경영 비법: 슈퍼아이콘 비즈니스 혁명
14주차	성공적인 투자 유치 전략과 자본 관리: 슈퍼아이콘 투자 혁명
15주차	임원을 위한 조직 관리와 리더십 전략: 슈퍼아이콘 리더십 혁명
16주차	• AI 시대 대비책 • 슈퍼사업경영으로 성공한 사례 특강 및 수료식

(4) 교수진

- AI 및 디지털 혁신 전문가: 국내외 AI 기술 및 디지털 전환의 선두주자로서 실무 경험을 갖춘 전문가
- 슈퍼자기경영 및 슈퍼사업경영 이론 개발자 및 전문가: 슈퍼자기경영과 슈퍼사업경영 관련 이론 개발자 및 실무 경험이 풍부한 최고의 전문 강사진

나는 슈퍼아이콘이 되기로 했다

- 경영학 및 리더십 교수진: 국내외 유명 대학의 경영학 및 리더십 전문가들이 참여하여 이론적 뒷받침을 제공

(5) 교육 대상

- 기업체 임원 및 CEO

  대기업 및 중소기업의 최고경영자(CEO), 이사 및 임원급 리더를 대상으로, AI 기술을 활용하여 경영 혁신을 이루고자 하는 분

- 공공기관 및 교육기관 리더

  공공기관, 교육기관에서 AI와 디지털 기술을 조직에 적용하고, 리더십을 통해 변화와 혁신을 주도하고자 하는 리더

- 전문직 리더 및 고위직 관리자

  AI와 디지털 기술에 대한 이해를 통해 자신의 분야에서 선도적인 리더십을 발휘하고자 하는 전문직 리더 및 고위 관리자

- 스타트업 창업자 및 경영자

  혁신적 비즈니스 모델을 창출하고 AI 기술을 접목한 사업 운영을 통해 기업의 성장을 도모하고자 하는 스타트업 창업자 및 경영자

- AI 및 디지털 혁신에 관심 있는 리더

  AI 시대에 맞는 자기 경영과 사업 경영 전략을 배우고, 실질적인 성과를 창출하기 위해 필요한 경영 전략과 네트워킹 기회를 찾는 리더

(6) 신청 방법: SIU(www.supericon.net)에서 신청

- AI 시대의 리더십 역량 강화: 임원들이 AI 기술을 기반으로 한 경영 전략을 이해하고, 조직의 디지털 전환을 이끌어가는 리더로 성장할 수 있도록 도움
- 경영 혁신과 자기 혁신: 임원들이 자기 혁신을 통해 경영 성과를 높이고, 효과적인 조직 관리를 통한 경쟁력 있는 비즈니스 모델을 구축할 수 있게 함
- 경영자 네트워크 구축: 다양한 기업 및 기관의 리더들과의 네트워킹 기회를 통해 경영 전략과 경험을 공유하고, 비즈니스 성장을 위한 협력 기회 창출

4) 슈퍼아이콘 AI 리더십 페스티벌

(1) 행사 개요

- 행사명: 슈퍼아이콘 AI 리더십 페스티벌 (SuperIcon AI Leadership Festival, SAIL-FESTIVAL)
- 주최 및 주관: 슈퍼아이콘 유니버시티, 슈퍼아이콘 타임즈, 슈콘TV, 김재광혁신경영연구소
- 후원 및 협찬: 정부 부처 및 주요 기업체
- 목적
  - AI 시대의 지속적 성장: 매년 페스티벌을 통해 AI와 디지털 혁신을 기반으로 생존과 번영의 새로운 기준을 제시
  - 리더십 네트워크 플랫폼: 글로벌 리더, 전문가, 기업 간 네트워크 기회

를 제공하며 협력의 장 조성

- AI 리더 양성: AI 시대를 선도할 차세대 리더들에게 영감과 실질적인 노하우를 전달
- 대상: 학생, 일반인
- 일시: 매년 정기적으로 개최 예정

(2) 주요 행사 내용

- Opening: 슈퍼아이콘 소개 및 AI 리더십 비전 동영상 상영
- 1부: 강연
  - AI 시대의 유일무이한 생존 전략이자 세계적인 인물을 만들어 주는 슈퍼자기경영
  - AI 시대의 유일무이한 번영 전략이자 세계적인 기업을 만들어 주는 슈퍼사업경영
- 2부: K-Pop 등 공연
- Closing: 기념 촬영 및 네트워킹

(3) 강사진

- AI 및 디지털 혁신 전문가: 국내외 AI 기술 및 디지털 전환의 선두주자로서 실무 경험을 갖춘 전문가
- 슈퍼자기경영 및 슈퍼사업경영 이론 개발자 및 전문가: 슈퍼자기경영과 슈퍼사업경영 관련 이론 개발자 및 실무 경험이 풍부한 최고의 전문 강사진

(4) 참여 대상

- AI 시대의 리더로 성장하고자 하는 학생, 일반인
- AI 기술과 비즈니스 전략에 관심이 있는 사람
- 창의적 문제 해결과 경영 혁신을 꿈꾸는 학생, 직장인, 기업가

(5) 신청 방법: SIU(www.supericon.net)에서 신청

(6) 기대 효과

- AI 시대 핵심 리더십 역량 강화: AI와 디지털 혁신 시대에서 생존과 번영을 위한 기본 리더십 능력을 배양
- 창의적 문제 해결 능력 향상: AI 기술과 비즈니스를 융합해 다양한 상황에서 창의적이고 실질적인 해결책을 제시
- 팀워크 및 협업 역량 강화: 다양한 사람들과의 협력을 통해 리더십과 네트워킹의 중요성을 체득하고 실천 경험을 쌓음

5) 슈퍼아이콘 AI 혁신리더 대상

(1) 개요

- 상 명칭: 슈퍼아이콘 AI 혁신리더 대상(SuperIcon AI Innovation Leadership Honor Prize, SAIL-HP)
- 주최: 슈퍼아이콘 유니버시티, 슈퍼아이콘 타임즈, 김재광 혁신경영연구소

・주관: 슈퍼아이콘 AI 혁신리더 대상 사무국

(2) 목적

・AI 시대 리더십 발굴: AI 시대의 생존과 번영 전략인 슈퍼자기경영과 슈퍼 사업경영을 바탕으로, 혁신적인 성과를 창출한 개인과 기업을 격려하고 그 공로를 기리는 자리 마련
・사회적 혁신 장려: AI 및 디지털 전환 가속화로 기술 기반 자기경영과 사업경영의 중요성이 대두됨에 따라, 이를 활용한 변화와 혁신을 주도하는 리더들을 발굴하여 사회적 귀감으로 삼음

(3) 시상 대상

・슈퍼자기경영 부문: AI 시대에 맞춰 자기 계발과 혁신적인 리더십을 발휘한 개인 및 기업체 대표
・슈퍼사업경영 부문: AI 시대를 선도하는 혁신적 비즈니스 모델을 구축하고 지속가능한 성장을 이끈 기업 또는 기업가

(4) 평가 기준

・슈퍼자기경영 부문
1) 혁신적 사고 및 성과: AI 시대 적응과 자기 발전을 통해 이룬 혁신적인 성과 및 영향
2) 지속적 학습과 발전 노력: AI 시대에 맞춘 지속적인 학습과 자기 계발
3) 리더십과 영향력: 본인의 혁신이 타인 및 사회에 미친 긍정적 영향력

4) 사회적 기여도: 개인의 성장이 사회에 미친 긍정적 기여

- 슈퍼사업경영 부문

    1) 혁신적 경영 전략 및 실행: AI 시대에 부합하는 새로운 비즈니스 모델 개발 및 성공적 실행

    2) 지속가능한 성장: 지속가능한 성장 전략 수립과 성과

    3) 사회적 영향: 기업 활동이 AI 시대 변화에 기여하고 산업에 미친 긍정적 영향

    4) 변화 선도 능력: AI 시대의 변화와 혁신을 주도하고 시장에 미친 긍정적 변화

(5) 선정 절차

- 추천 및 접수

    - 접수 기간: 상시 접수

    - 추천 방법: 자천 및 타천 모두 가능

- 1차 서류 심사: 서류 심사를 통해 지원자(또는 추천자)의 자격과 공적을 평가

- 최종 발표: 전문가 심사위원단의 심층 평가 후 최종 수상자 선정 및 발표

6) 슈퍼아이콘 총동문회

(1) 개요

- 명칭: 슈퍼아이콘 총동문회(SuperIcon Alumni International Leadership, SAIL)
- 설립 목적: 슈퍼아이콘 AI 경영 리더십 프로그램을 수료한 동문들 간의 네트워크를 강화하고, 리더십과 AI 혁신을 바탕으로 한 지속적인 학습 및 상호 교류의 장을 마련하기 위해 설립
- 총동문회 자격 및 대상
  - 슈퍼아이콘 AI 경영 리더십 프로그램(스타터, 성장, 최고위)을 수료한 사람
  - 슈퍼아이콘 AI 혁신리더 대상을 수상한 개인 또는 기업
  - 슈퍼아이콘 AI 리더십 페스티벌 참여자
  - 슈퍼아이콘 임직원
  - 기타 슈퍼아이콘 총동문회에서 추천하는 자

(2) 설립 목적

- 동문 간 네트워크 강화: 각자의 전문성과 경험을 공유하고 협력하여 AI 시대의 리더십 역량을 지속적으로 발전
- 지속적인 학습과 성장: 리더십, AI 혁신, 경영 전략 등 다양한 주제에 대한 지속적인 학습과 정보 교류를 통해 동문들의 전문성 강화
- 비즈니스 및 프로젝트 협력: 동문들 간의 비즈니스 기회 발굴 및 협력 프

로젝트 진행을 통해 상호 발전을 도모

- 글로벌 네트워크 구축: 국내외 동문들이 글로벌 차원의 리더십 네트워크를 형성하여, 국제적인 협력과 성장 기회를 창출

(3) 주요 활동

- 정기 모임 및 세미나: 분기별 또는 반기별로 AI, 리더십, 경영 관련 주제에 대한 세미나 및 네트워킹 모임 개최
- 온라인 학습 플랫폼 제공: SAIL 동문들만을 위한 온라인 학습 커뮤니티 제공. 최신 AI 기술과 리더십 관련 자료 및 토론의 장 마련
- 국내외 리더십 포럼 개최: 국내외 동문들과 함께하는 리더십 포럼을 정기적으로 개최하여, 글로벌 차원의 리더십과 AI 혁신 전략 논의
- 멘토링 프로그램: 경험 많은 동문이 신진 리더들을 위한 멘토링 프로그램 운영
- 비즈니스 협력 플랫폼: 동문 간 비즈니스 아이디어 공유 및 협력 프로젝트를 지원하는 온라인 플랫폼 구축

(4) 기대 효과

- 동문 간 협력 강화: 동문들 간의 강력한 네트워크를 통해 서로의 성장과 성공을 지원하며, 비즈니스와 경영 현장에서의 실질적인 협력을 도모
- 지속적인 리더십 역량 강화: SAIL을 통해 동문들이 리더십과 AI 혁신에 대한 지속적인 학습과 성장을 이어나갈 수 있도록 지원
- 국내외 네트워크 확장: 글로벌 동문 네트워크를 활용하여, 동문들이 국

제적인 협력을 통해 비즈니스 및 경영 리더십의 기회를 창출

- 새로운 비즈니스 기회 창출: 비즈니스 협력 플랫폼을 통해 동문들 간 협력 프로젝트와 새로운 비즈니스 기회를 발굴

**AI 시대, 흔들리지 않는 인생과
사업의 중심을 찾고 있는가?**

이 책은 단순한 동기부여가 아니라,
실전에서 검증된 자기경영과 사업경영의 전략서다.

무너진 자리에서 시작해 피 • 땀 • 눈물로 슈퍼성장을 이룬
한 사람의 고뇌, 실행, 그리고 이론의 완성이 담겨 있다.

김재광 저자는 삶의 방향을 잃었던 순간,
스스로를 세우기 위한 질문을 던졌다.
"나는 왜 이 일을 하는가?"
"나는 어떤 가치를 세상에 전할 수 있는가?"

그 질문에서 출발해 완성한 프레임이 바로
슈퍼자기경영과 슈퍼사업경영이다.

이제 그는 말한다.

"당신 안에도 이미 슈퍼아이콘이 있다.
다만 아직 깨어나지 않았을 뿐이다."
이 책은 당신 안의 슈퍼아이콘을 깨우는 초대장이자,
AI 시대를 살아갈 모든 이들의 생존 전략이자 성장 지도다.